30 RÈGLES D'OR POUR ENTREPRENEURS

30 Règles d'Or tirées des tranchées du Sport Professionnel et de l'Entrepreneuriat

Matthias Mazur

Matthias Mazur est un entrepreneur, auteur, conférencier et investisseur nourrissant des intérêts passés et présents pour le monde des affaires. Né en Suisse, il a été classé numéro 1 national et a représenté la Suisse dans divers Championnats d'Europe et Championnats du Monde. Il a affronté des joueurs tels que Rafael Nadal et Novak Djokovic et son rêve de vivre une longue carrière de joueur de tennis professionnel s'est arrêté suite à une blessure physique à l'âge de 17 ans et une maladie à l'âge de 21 ans. Un retournement de situation qui l'a forcé à repenser sa vie. Rapidement, il a mis l'accent sur l'entrepreneuriat, principalement axé sur internet.

Depuis le lancement de sa première activité alors qu'il était encore adolescent, ses stratégies ont généré plus de 50 millions de Dollars pour ses entreprises et ses clients. Il est l'auteur de livres et de conférences traitant du marketing internet, de la croissance des entreprises, de la vente et de l'entrepreneuriat. Il est régulièrement invité à partager son expérience et ses stratégies en qualité de conférencier devant des milliers de participants en Europe et en Amérique du Nord lors d'événements d'affaires. Il est actuellement PDG de ZuraMedia (fondée avec sa soeur Mélodie), une agence de marketing, coaching et consulting digital, qui offre aussi des formations pour entrepreneurs et dirigeants d'entreprise.

Matthias est également actif dans le monde du cinéma en tant qu'acteur, que producteur et qu'investisseur. Il passe aujourd'hui la majeure partie de son temps à Londres.

Auteur : Matthias Mazur
Titre : « 30 Règles d'Or pour Entrepreneurs »

www.MatthiasMazur.com

Seconde édition, 2019

ISBN-13 : 978-1534803831

ISBN-10 : 1534803831

Imprimé en France

À mes parents et à ma sœur, pour leur amour et leur soutien inconditionnels.

TABLE DES MATIÈRES

Partie IV : Votre business en pratique

INTRODUCTION : TENNIS, BLESSURE ET RENAISSANCE

Pour vous expliquer en quelques mots la façon dont j'ai découvert ces 30 grandes leçons, je pense qu'il est important de passer par ce qui m'est arrivé, ma reconversion sportive, le chemin parcouru depuis que j'étais enfant et comment j'en suis arrivé au développement d'entreprises qui ont généré et génèrent des millions d'Euros par an, sans aucune formation ou diplôme particulier (j'ai arrêté l'université après 3 mois), sans aucun contact dans le milieu des affaires.

Je suis un entrepreneur né. Ma première « entreprise » consistait en l'édition et la vente d'un journal mensuel que j'écrivais et publiais dès l'âge de huit ans.Mes parents avaient un abonnement au magazine « Géo » et le recevaient chaque mois à la maison. Je lisais et résumais mes articles préférés (généralement sur les animaux, l'Histoire, les voyages et les civilisations anciennes). J'écrivais et je publiais donc mon petit journal mensuel que je vendais à mes camarades de classe, à mes enseignants et aux voisins du quartier. Cela me rapportait environ 20€/semaine, ce qui représente une fortune à cet âge-là. Je vendais aussi des bracelets que je fabriquais avec ma sœur, des timbres, des cartes postales...

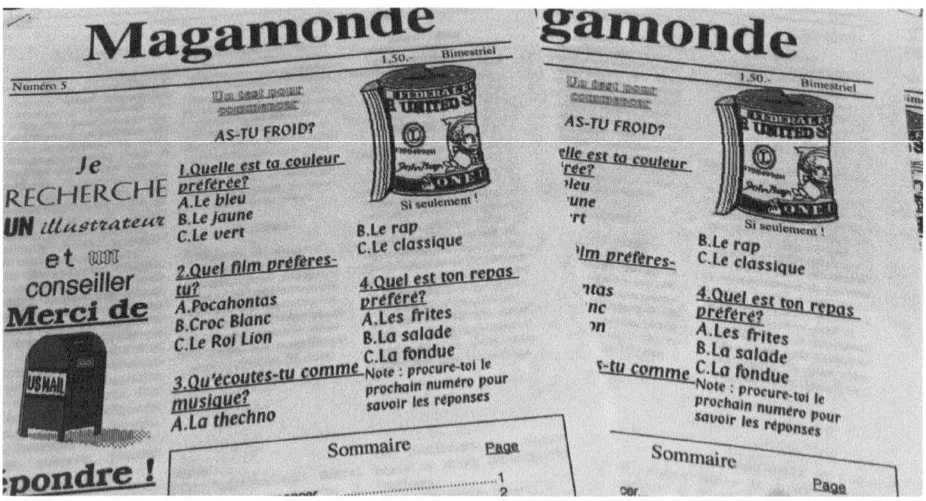

À l'âge de 14 ans, en 2000, j'ai découvert cette nouvelle plateforme qu'était « internet ». Je me suis dit que cela pourrait être un bon moyen de vendre des produits en ligne ; et c'est ainsi que j'ai pris connaissance d'eBay.fr. Je me souviens m'être dit que c'était « magique » de pouvoir mettre quelque chose en vente en ligne à Lausanne (où je suis né et où j'ai grandi) qu'un inconnu à l'autre bout du monde pourrait acheter.

Depuis mon plus jeune âge, ma vie a toujours tourné autour du sport : le hockey sur glace (que j'adore toujours), le judo, la natation (que je détestais) - et surtout, le tennis.

Le tennis est la discipline par laquelle je suis tombé amoureux de la compétition, du travail et de la rigueur. J'y ai trouvé mes premiers défis et découvert mon amour et le sentiment inégalé de la gagne.

Après avoir été jugé « pas assez bon » par les entraîneurs nationaux à 12 ans, je me suis donné comme objectif de devenir le meilleur joueur de tennis du pays. Pour accomplir cela, mon plan était simple : travailler et m'entraîner plus que les autres et dépasser tout le monde, tous mes concurrents. Et mon plan a fonctionné.

À 14 ans, et pendant les années qui ont suivi, j'ai gagné des compétitions nationales et me suis hissé à la 1ère place suisse de ma catégorie. Le fait d'être numéro 1 national m'a permis d'être envoyé par la Fédération Suisse de Tennis pour représenter le pays sur le circuit européen, pour les compétitions mondiales, pour les championnats d'Europe et autres compétitions internationales. J'ai voyagé, rivalisé et joué contre les autres numéros 1 nationaux de ma catégorie d'âge : Novak Djokovic, Rafael Nadal, Gaël Monfils et autres.

Après une série de bons résultats sur le circuit européen, j'ai été recruté par Peter Carter (entraîneur et mentor de Roger Federer à l'époque) pour intégrer le centre d'entraînement national de tennis suisse. Je m'entraînais alors au quotidien avec les autres meilleurs joueurs nationaux, plus âgés très souvent, ainsi que les joueurs de Coupe Davis. Pendant cette période, j'ai même eu la chance de m'entraîner avec « Le Maître » lui-même : Roger Federer.

Après le décès de Peter dans un tragique accident de voiture, je me suis gravement blessé à la cuisse droite : une importante déchirure musculaire. Les examens médicaux indiquaient un repos forcé de 6 à 12 mois. Un choc quand vous vous entraînez chaque jour et que votre objectif est d'avoir une longue carrière de joueur de tennis professionnel. La blessure m'a obligé à revoir mes objectifs non seulement sportifs, mais aussi de vie.

Ce fut une blessure écrasante sur le plan psychologique : j'avais l'interdiction de bouger pendant des semaines et devais rester couché le plus possible. Il m'a fallu 9 mois pour être simplement capable de marcher à nouveau normalement et près de 2 ans pour être en mesure de faire à nouveau confiance à mon corps.

Être loin des terrains de tennis pendant la phase de guérison m'a donné beaucoup de temps pour réfléchir sur la vie, mes objectifs et mes ambitions. L'une de mes grandes passions a toujours été l'entrepreneuriat, et plus particulièrement sur internet. J'ai très vite compris le pouvoir qu'offrait internet : un marché global, accessible via une simple connexion.

J'ai commencé ma première entreprise dans la publicité et l'édition en ligne d'espace à l'âge de 17 ans, alors que je me trouvais dans mon lit, blessé.

Après avoir récupéré, je suis retourné jouer sur le circuit professionnel (principalement dans les catégories Futur et Challenger) pendant quelques années, ce qui m'a permis de voyager et de rencontrer des personnes géniales et des entraîneurs pleins de sagesse et de compétences.

A l'âge de 21 ans, après une bonne phase d'entraînement en Belgique avec les meilleurs joueurs belges et du top 200 mondial, j'ai attrapé une pneumonie qui s'est manifestée à deux reprises en plein été. Le premier médecin l'a mal diagnostiquée, pensant que c'était une simple toux. La situation s'est aggravée, et j'ai dû avaler des antibiotiques pendant près de 2 mois pour me débarrasser de l'infection.

C'était une période difficile où j'avais le sentiment de suffoquer chaque fois que je montais les escaliers.

En tant qu'athlète professionnel, j'ai consacré chaque jour de ma vie, pendant des années, à atteindre l'objectif d'une longue et fructueuse carrière. Deux problèmes de santé majeurs m'ont fait réaliser combien la vie peut basculer d'une minute à l'autre.

Cela m'a aussi rappelé que le corps n'est pas une « machine imparable » comme je le pensais. Peu de temps après la récupération de la pneumonie, j'ai décidé de prendre ma retraite de tennisman et de me concentrer à 100% sur l'entreprise que j'avais débutée quelques années auparavant.

Ce changement de vie ne m'a pas laissé le temps de m'apitoyer sur mon sort. Au cours des années qui ont suivi, j'ai lancé et fait grandir des centaines de sociétés internet et de sites web sur trois continents différents. Ces entreprises ont varié d'une société d'édition en ligne avec plus de 25 000 clients, à un centre d'appel avec moins de 30 commerciaux en passant par une société de publicité et de médias en ligne.

Mon expertise réside dans mon expérience, celle acquise tout au long de ma carrière d'entrepreneur. Ces compétences ont, à ce jour, généré plus de 50 millions d'euros pour mes entreprises, pour nos clients et pour nos partenaires.

J'ai écrit des livres et des articles sur le monde des affaires et sur l'esprit d'entreprise et animé des conférences aux États-Unis, au Royaume-Uni, aux Pays-Bas, en France et en Suisse.

À l'heure actuelle, je suis à la tête de ZuraMedia, une agence de marketing et de consulting digital, qui aide les entreprises à augmenter leur visibilité et leurs ventes grâce à internet.

ZuraMedia propose également des formations de marketing et de vente sur internet pour entrepreneurs et prestataires de services qui désirent augmenter leur visibilité, leurs revenus et leurs résultats.

J'ai construit cet empire sans faire d'études « traditionnelles », sans aller à l'université ni obtenir de Master. J'ai laissé tomber l'université au bout de trois mois car je me suis rendu compte que le système d'éducation « classique » était beaucoup trop lent et inefficace pour moi. J'aime la vitesse, la rapidité d'exécution et les résultats dans le monde « réel ».

Ce livre est un pur produit de mon état d'esprit, de la façon dont je vois et fais mes affaires, de mon expérience tirée de ces 10 dernières années. Ce livre est celui que j'aurais voulu avoir quand j'ai commencé, il regroupe tout ce que j'aurais voulu qu'on m'enseigne au démarrage de mes activités en tant qu'entrepreneur. J'espère que vous aurez autant de plaisir à le lire que j'en ai eu en l'écrivant.

Bonne lecture.

Partie I :

VOUS ET VOTRE RÉUSSITE

Faites ce que les autres savent mais ne font pas.
Matthias Mazur
FOCUS.

1

APPRENDRE À DIRE NON

Dans ce premier chapitre, nous allons commencer en couvrant un concept très important pour préserver votre temps, être plus productif, garder votre énergie ou tout simplement, être plus heureux en restant aux commandes de votre vie. N'est-ce pas le but de tout entrepreneur ?

Mais avant de débuter, je vais vous raconter une petite histoire, celle de mon éducation. J'ai la chance d'avoir eu une éducation fantastique.

J'ai grandi avec deux parents absolument géniaux. Ils ont tout fait pour que j'aie à ma disposition les meilleurs outils pour gérer les différents événements de la vie, les différents épisodes qui se présentent.

Je ne suis pas né avec une cuillère en argent dans la bouche, mais parce que mes parents sont extrêmement généreux et donnent beaucoup d'amour dans tout ce qu'ils font, j'ai été élevé dans une famille où tout abondait. Même s'ils n'étaient pas milliardaires, l'amour, l'effort et la générosité étaient mon quotidien.

Depuis que je suis né, j'ai toujours eu une prédisposition à dire « oui » plutôt que « non ».

Je trouve qu'il y a une chose qui est rarement partagée, peu couverte dans d'autres livres et séminaires d'entrepreneuriat. Il s'agit du fait de comprendre et de faire un audit de soi-même pour savoir si vous êtes plutôt enclin à dire « oui » de par votre éducation ou vos expériences, ou si vous êtes plutôt prédisposé à dire « non » et à être pessimiste.

Personnellement, j'ai toujours eu une prédisposition à dire « oui », à essayer de nouvelles choses, à rencontrer de nouvelles personnes, même quand je ne suis pas vraiment convaincu que ça fonctionnera. C'est l'essence même d'un entrepreneur : dire oui et être constamment optimiste. C'est ma nature. J'aime au moins essayer pour voir et accumuler l'expérience. Et puis sait-on jamais, si ça fonctionne, cela peut m'aider dans mon développement que ce soit au tennis, dans ma vie professionnelle, au cinéma ou dans mes relations.

J'ai donc été éduqué dans cette optique de dire « oui » et d'être positif. Mais même si cela m'a apporté énormément de bienfaits et d'avantages, cela peut également, parfois, être un inconvénient.

J'ai donc dû apprendre à dire « non », à refuser des opportunités, des rendez-vous, des offres ou des choses qui m'étaient offertes ou qui me sont présentées au quotidien, ces mêmes choses qui n'ont pas de contribution ou d'avantage direct sur ce que je fais dans ma vie.

Donc, si vous êtes une personne qui a plutôt tendance à dire « oui » et à promettre des choses ou à les accepter facilement soit par politesse, soit par votre éducation, soit par votre tendance au positivisme, pensez à cela. Car le fait de dire « oui » peut aussi causer des soucis et faire perdre du temps.

J'ai appris cela par la force des choses, au fil du temps et avec l'âge aussi. Il faut être beaucoup plus sélectif par rapport aux « oui » que l'on donne.

Même si je garde une prédisposition positive, un état d'esprit positif tout en allant de l'avant en disant « oui » ou « pourquoi pas » plutôt que de dire « non, ça ne va pas fonctionner », j'ai tout de même dû apprendre à dire « non », sans me justifier.

Je vous conseille donc de vraiment vous demander, de faire une recherche interne, un audit de vous-même pour déterminer si vous êtes plutôt prédisposé à dire « oui » ou à dire « non ».

Si votre tendance va vers le « oui » et que, parfois, cela vous coûte plus de temps, d'argent et vous désavantage, si cela vous demande de revenir sur votre décision par la suite, vous devez apprendre à dire non.

Pensez à cela, aux choses auxquelles vous dites « oui » mais pour lesquelles vous n'êtes pas partant à 100%. Cela peut être des relations, des opportunités d'affaires, des rencontres, des entreprises, des partenariats, des projets qui, à l'époque, lors du début d'un projet ou d'une relation, avaient l'air intéressants mais qui, aujourd'hui, ne le sont plus.

Il est parfois préférable de supprimer des éléments de votre vie, de dire « non », pour avoir plus de temps pour dire « oui » aux choses que vous voulez vraiment faire. La manière dont je vois et vis ma vie ressemble à la jauge d'énergie des personnages de jeu vidéo. Le temps et l'énergie que l'on a sont limités.

Évidemment, nous avons un nombre réduit d'heures par jour, mais nous avons également une quantité d'énergie limitée. Dire « oui » à tout signifie s'impliquer dans des affaires ou dans des relations qui, peut-être, ne seront pas aussi bénéfiques et avantageuses que si vous disiez « non ». Ce temps superflu pourrait être passé à des activités qui vous plaisent vraiment.

Donc, si vous avez plutôt tendance à dire « oui », apprenez aussi à dire « non ». Dire « non » n'est pas négatif, c'est même parfois très positif.

Dire « non » peut vous aider à économiser beaucoup d'argent, de temps, à faire les bons choix dans une relation, à revenir sur une relation ou une affaire actuelle et qui n'est pas aussi bénéfique que vous le pensiez à ses débuts.

Dire « non » n'est pas une mauvaise chose et peut avoir beaucoup de bienfaits, vous permettant d'avoir plus de temps et d'énergie à allouer aux activités que vous avez vraiment envie de faire.

Apprenez à
dire NON
plus souvent.
Matthias Mazur
FOCUS.

2

DEVENIR L'ARCHITECTE DE SA VIE

Dans ce chapitre, j'aimerais couvrir l'importance de devenir l'architecte de votre vie.

Qu'est-ce que cela veut dire ? Si vous êtes actuellement indépendant ou si vous avez envie de l'être, il est vraiment indispensable de commencer à appliquer ce concept de « devenir maître et architecte de votre propre vie ».

L'une des grandes leçons que j'ai apprise très tôt et qui m'a été transmise par certains de mes entraîneurs de tennis, a été l'importance de créer une vie dont on peut être vraiment fier.

Quand on va plus loin dans la réflexion, une des questions que je pose toujours quand quelqu'un me demande comment il peut améliorer sa vie et faire ce qu'il veut, est : « si aujourd'hui était la dernière semaine de votre existence, en seriez-vous fier ? ».

Je lui demande également s'il serait fier de ce qu'il a fait, des relations créées, de son activité professionnelle, de ce qu'il a mis sur pied et des personnes qu'il a aidées.

Pour beaucoup, c'est un choc quand je réponds par cette question-là plutôt que de simplement donner un conseil. Dans la réalité, chaque vie est tellement différente qu'il est très difficile de conseiller quelqu'un de façon générique.

Ma manière d'aider et d'apporter de la valeur dans ce monde consiste à partager mes expériences et mes pensées et d'essayer de contribuer comme je peux.

Personnellement, je crois dur comme fer en l'importance de créer sa propre vie et d'en devenir l'architecte pour ne pas subir les pressions, les désirs ou les demandes extérieures. Mais en aucun cas, la tâche n'est facile.

Il est parfois compliqué de renverser sa propre vie, d'ajouter un élément nouveau, de quitter une relation problématique ou un emploi déplaisant, de commencer quelque chose de neuf ; mais c'est en tout point nécessaire. C'est inévitable.

J'ai eu cette première réflexion très tôt dans ma vie. J'ai toujours voulu devenir joueur de tennis professionnel et suivre une longue carrière sportive. Malheureusement, les choses ne se sont pas passées comme souhaité à cause de problèmes physiques, de blessures et de maladies.

Pourtant, quand j'avais cinq ou six ans, je disais à tout le monde que je deviendrai joueur de tennis professionnel. J'avais déjà l'idée et la vision d'être le maître de ma propre vie.

Et quand je me suis retiré du tennis, j'ai aussi eu une vision très claire de ce que je voulais et de ce que je ne voulais pas ; je ne voulais jamais devoir satisfaire quelqu'un d'autre qui puisse avoir l'autorité sur mes actions.

J'ai toujours voulu être indépendant ; je suis un entrepreneur né. J'ai toujours eu l'idée de créer mes propres aventures, mon propre empire en quelque sorte. Je ne m'excuse jamais d'avoir des ambitions astronomiques.

Un message que j'essaie de répandre auprès d'un maximum de personnes, est de « devenir le créateur ou l'architecte de sa propre vie ». Il s'agit de mettre en place des petites choses, brique par brique, étape par étape, pour créer une vie dont vous pourrez être fier et à la fin de laquelle vous pourrez dire « j'ai fait ce que je voulais faire ».

Si aujourd'hui vous êtes dans une situation qui vous déplaît, dans une relation personnelle ou professionnelle qui ne vous satisfait pas, il est possible d'en changer.

Encore une fois, je suis le premier à dire que tout est possible. Si on veut vraiment quelque chose, il existe mille moyens d'y arriver.

En aucun cas, je ne dis que c'est facile ; il y aura peut-être des choses que vous allez devoir briser en vous : des anciennes croyances, des relations, des pressions que vous subissez. Mais gardez en tête qu'il s'agit d'un mal pour un bien, que cela vous permettra d'atteindre votre but.

Aujourd'hui, je suis très content de ce que je fais dans ma vie, des relations construites et de ce que j'ai réussi à faire en si peu de temps, avant l'âge de 30 ans. D'avoir pu rencontrer des entraîneurs et coachs qui m'ont transmis des décennies de sagesse et de maturité alors que j'étais encore enfant.

Je suis extrêmement reconnaissant envers les personnes que j'ai rencontrées et envers celles dont je me suis séparé car, parfois, pour faire de nouvelles rencontres, il faut pouvoir couper les liens avec les personnes qui ne nous apportent rien.

Pensez à cela. Pensez à comment vous pouvez devenir l'architecte de votre vie, quelles sont les briques que vous devez placer les unes à côté des autres, les unes au-dessus des autres, pour créer une fondation solide.

Gardez en tête que cela ne sera pas facile, mais la satisfaction d'atteindre ce sentiment de réussite est tellement positif que cela vaut vraiment la peine de tout mettre en œuvre pour y arriver.

Vos actions démontrent vos priorités.
Matthias Mazur

3

ÊTRE REMARQUABLE

Dans ce chapitre, je vais couvrir un concept fort, celui de l'importance d'être remarquable.

Si vous voulez atteindre de meilleurs résultats, quel que soit votre domaine d'activité, vous devez absolument vous différencier de ce que font les autres. Vous devez être remarquable.

Quand j'avais 14 ans, j'avais déjà pris la décision de devenir joueur de tennis professionnel et j'ai tout fait pour être meilleur que les autres.

Je m'entraînais deux fois plus, je me nourrissais mieux et je me reposais plus que mes concurrents.

J'étais devenu un véritable scientifique du sport. Je mesurais mes performances, je notais mes entraînements et les découvertes que je faisais sur le terrain dans un classeur, pour toujours améliorer mon niveau et avoir un avantage sur les autres.

En plus d'une recherche incessante d'amélioration et de perfectionnement, j'ai compris très tôt l'importance de se différencier des autres.

Par exemple, quand j'étais en camp d'entraînement avec d'autres joueurs de tennis au Centre National Suisse de Tennis, je faisais tout pour me différencier. Tout était bien pré-calculé.

Généralement, un camp d'entraînement consiste en deux sessions par jour : une de 10h à midi et une de 14h à 16h.

Quand tous les autres jeunes de mon âge finissaient celle de midi et allaient à la douche, jouer à la console ou au foot, je restais sur le terrain et je faisais une bonne trentaine de minutes supplémentaires ; parfois des sprints, parfois un entraînement physique, parfois une session de services ou de corde à sauter.

Et tout cela devant le restaurant où mangeaient les entraîneurs nationaux. Donc, pendant qu'ils mangeaient, ils voyaient un jeune qui s'entraînait plus que les autres sur le terrain, juste en face d'eux.

Qu'est-ce que cela provoquait dans leur esprit ? Non seulement, cela montrait que je m'entraînais beaucoup plus que les autres - ce qui était monnaie courante dans ma vie - mais au lieu de me cacher au fin fond du centre, je m'entraînais ouvertement, devant eux, pendant qu'ils mangeaient à la pause de midi.

Cela attirait forcément leur attention et cela me permettait d'être remarqué beaucoup plus rapidement et plus favorablement que les autres joueurs.

Cela m'a permis de mettre en avant mon travail, ma persistance et ma rigueur devant les entraîneurs nationaux qui voulaient justement voir qui pouvait se distinguer dans ce groupe de jeunes.

Voilà un des nombreux exemples que j'ai utilisé dans ma vie pour être remarquable.

C'est important, non seulement de faire plus que les autres, de travailler davantage et plus intelligemment, de dépasser ses limites et de tout faire pour se différencier, mais il est également primordial et nécessaire d'être remarqué dans ce que vous faites, d'où l'importance d'être remarquable.

Le pire dans un marché ou dans une activité est d'être banal. Si vous êtes comme tous les autres, vous serez finalement perçu que comme « un de plus ».

Si vous faites plus que les autres et si vous le montrez, vous serez immédiatement perçu comme étant remarquable.

Un exemple dans notre business : lorsque quelqu'un rejoint l'un de nos programmes haut de gamme, nous lui envoyons un courrier physique avec une boîte contenant quelques petits cadeaux de dégustation, un manuel de bienvenue, quelques photos et un ou plusieurs exemplaires de mon livre dédicacé à la main.

Beaucoup d'autres personnes ne pensent même pas à faire un effort supplémentaire et se disent que si quelqu'un a acheté quelque chose, cela est suffisant. Mais non, absolument pas. Il faut faire plus.

Si vous voulez être remarquable, vous devez faire davantage et le montrer.

Pour nos clients d'agence, par exemple, qui nous payent entre 50'000 et 500'000 euros par an pour du consulting et des services de marketing, nous avons des surprises envoyées tout au long de l'année selon leurs goûts et leurs préférences.

Lorsque nous découvrons que le PDG d'une entreprise parmi nos clients est, par exemple, fan d'une équipe de foot comme Manchester United, nous lui achetons et lui envoyons un ballon ou un maillot signé de son joueur préféré.

Donc, pendant que toutes les autres agences de marketing se cassent la tête à essayer d'envoyer des prospectus publicitaires aux PDG, filtrés et rejetés par leurs assistantes ou leurs réceptionnistes, nous leur envoyons le maillot dédicacé par le joueur préféré.

C'est quelque chose que nous avons fait de nombreuses fois et qui, finalement, ne coûte rien. Le retour sur investissement est en effet beaucoup plus important.

Évidemment si vous avez de petites marges, vous ne pouvez pas vous permettre de faire cela, mais vous pouvez toujours trouver quelque chose pour être remarquable.

Si vous voulez vous différencier des autres, vous devez non seulement faire plus, mais aussi être remarquable, en parler et si possible, le montrer. Le monde ne peut pas deviner ce que vous faites ; montrez les efforts supplémentaires que vous fournissez.

Rien n'est parfait
la 1 ère fois.
Il faut se lancer.
Matthias Mazur
@MatthiasMazur
You
Tube

4

L'IMPACT DES MOTS

Dans ce chapitre, j'aimerais couvrir l'importance de vos mots, de votre attitude vis-à-vis de vous-même et de votre entourage, j'aimerais partager l'importance de votre impact.

J'ai eu la chance d'être un bon élève à l'école car j'apprenais très vite.

A l'époque où je commençais à être dans la presse suisse suite à mes résultats dans le monde du tennis, je bénéficiais d'allègements d'horaires et les professeurs savaient que je faisais tout pour pouvoir vivre mon rêve sportif, que je travaillais dur pour y parvenir.

Alors que mes camarades commençaient à fumer leurs premières cigarettes et à boire leurs premières gouttes d'alcool, je m'entraînais des heures chaque jour.

J'allais à l'école et dès la sortie, j'étais sur les terrains de tennis ou dans les salles de fitness pour m'exercer et construire mon avenir.

À l'âge de 14 ans, j'étais en neuvième année. Mon prof préféré, M. Herman, était comme Monsieur Keating dans le film *Le Cercle des Poètes Disparus*. Un de ces enseignants qui marque votre existence et que vous n'oubliez jamais.

À la fin de l'un de ses cours, il m'a demandé s'il pouvait me parler. Il m'a dit que j'étais quelqu'un de « spécial » qui avait « quelque chose de plus que les autres ». Il m'a dit de rester moi-même et de « continuer à faire ce que je fais » et de ne « jamais mettre mes rêves de côté ».

Il m'a dit cela de manière très sérieuse.

Quand vous avez 14 ans, vous ne comprenez pas vraiment l'ampleur et l'impact des mots, mais vous savez que c'est positif, que dans la manière de le dire, il y a beaucoup de non-dits positifs.

Je suis quelqu'un qui a toujours envie de faire plus que les autres, de travailler et de gagner car je suis très compétitif de nature.

Mais le fait que quelqu'un de plus âgé, qui à l'époque devait avoir 60 ans, qui m'avait peut-être vu jouer au tennis une fois lors d'un tournoi, me dise cela, est quelque chose qui m'a profondément marqué.

J'ai toujours adoré ce professeur qui nous enseignait le Français et l'Histoire, j'aimais sa manière d'enseigner, son énergie et ce qu'il nous transmettait. Je l'appréciais également, c'est vrai, pour avoir reconnu que je n'étais pas comme tout le monde.

Je ne dis pas cela pour me vanter, mais c'était la réalité. J'ai toujours fait les choses différemment de la grande majorité de mes camarades avec lesquels je m'entendais très bien et avec qui j'ai encore de bons contacts.

Je me suis toujours senti différent. Et le fait d'avoir quelqu'un qui croit en vous et qui vous dit cette petite phrase à l'âge de 14 ans, est quelque chose qui m'a marqué et que je n'oublierai jamais.

Voilà donc une petite phrase qui a eu un profond impact sur ma vie, sur mon développement. Ce professeur est toujours resté gravé dans ma mémoire.

Voilà comment une simple phrase peut impacter toute une vie.

À l'inverse, certains professeurs s'obstinent et traitent les élèves de tous les noms, disent qu'ils ne sont « bons à rien » et qu'ils n'arriveront jamais à rien dans leur vie.

Le milliardaire anglais Richard Branson, patron du groupe Virgin, explique et raconte souvent l'histoire suivante. Alors qu'il était très jeune, l'un de ces professeurs lui a dit qu'il ne réussirait jamais dans la vie. C'est aussi la preuve de l'impact négatif qu'un enseignant peut avoir.

Et nous avons tous vécu cela. Nous avons tous un parent ou un proche qui nous a soit marqué par ses mots positifs et ses encouragements, soit blessé ou rabaissé.

Dans votre vie, au quotidien, il est important d'être conscient de l'impact et du pouvoir des mots.

C'est pour cela que lorsque de jeunes entrepreneurs me contactent, alors qu'ils ont entre 13 et 16 ans, qu'ils sont en pleine création de leur vie, de leur projet qui a très peu de chances d'aboutir, je fais tout pour soigner mes mots et faire très attention à ceux que j'utilise.

Si je trouve que c'est une bonne idée, je le dis.

Si je trouve que c'est une idée qui a peu de chance de réussir, je le dis également tout en étant très honnête, qu'ils soient jeunes ou adultes. Ils ont la fibre créative, c'est cela le plus important.

Je soigne donc mes mots en faisant très attention aux contenus, aux vidéos, aux citations, aux textes et aux articles que je publie. Je connais l'impact d'un mot positif ou négatif, celui du ton d'une citation ou d'une communication employé.

Pensez à cela au quotidien, pensez à votre impact sur les personnes de votre entourage.

Pensez aux moments où vous étiez fatigué ou de mauvaise humeur et où vous avez utilisé un ton un peu agressif et moins approprié qu'habituellement.

Pensez à l'impact de vos actions et de vos mots sur votre interlocuteur. Vous vous rendrez compte qu'en soignant vos mots, vos actions et les choses que vous faites et dites au quotidien dans votre business et dans votre vie, toute énergie, tout mouvement, toute publication, toute remarque a le pouvoir de créer ou de détruire.

Il faut en être conscient. Ma croyance est la suivante : nous sommes soit source de création, soit source de destruction.

C'est un concept qui peut paraitre un peu farfelu ou métaphysique et ça l'est, mais je crois profondément en l'importance d'être soit un agent du bien soit un agent du mal. C'est à vous de choisir votre camp.

Si vous êtes dans une optique de création, de positivisme, vous devez soigner ce que vous faites, faire attention à votre impact, à celui de vos mots et de vos actions sur les personnes qui vous écoutent et vous suivent, sur vos clients, vos employés...

Il est humain d'avoir des émotions au quotidien. Il nous arrive donc logiquement d'être énervé. Mais dans la grande majorité des cas, il faut soigner ce que l'on projette et diffuse dans l'univers, qu'il s'agisse d'éléments oraux ou écrits, d'actions, de promesses ou de dons.

Donnez-vous comme objectif d'être un agent du bien, une source de lumière et de création positive.

Souvenez-vous du professeur ou de l'entraîneur, de l'ami ou du parent qui vous a dit quelque chose de gentil quand vous étiez jeune et dont vous vous souvenez encore aujourd'hui.

Mais rappelez-vous également des personnes qui vous ont dit quelque chose de mauvais quand vous étiez enfant. On ne l'oublie jamais.

Lorsque vous agissez, gardez en tête que rien ne s'efface, que vos interlocuteurs se souviennent de ce que vous avez fait de bien, mais aussi de ce que vous avez fait de mal.

Soyez responsable et essayez au maximum d'être une source positive, tout en sachant que, parfois, malheureusement, l'humain n'est pas parfait. Il arrive ainsi que dans certaines situations, les émotions prennent le dessus.

Faites attention et soignez ce que vous diffusez et partagez dans le monde.

Le mieux vous préparez,
le moins vous paniquez.
Matthias Mazur

5

FAIRE SON AUDIT

Dans ce chapitre, j'aimerais couvrir l'importance de connaître vos imperfections et vos freins.

Pourquoi est-il important de bien vous connaître ? Sachez que quel que soit votre domaine d'activité, que vous soyez entrepreneur, artiste ou académicien, il est impossible de tout maîtriser à la perfection.

L'une des erreurs faite par de nombreux entrepreneurs est de penser qu'il faut être bon partout. Ils passent donc beaucoup de temps à perfectionner ou à travailler des éléments inconnus, pour lesquels ils ne seront jamais experts.

Mais ce temps pourrait être utilisé à meilleur escient, pour améliorer ce qu'ils connaissent déjà et leurs points forts.

Beaucoup de personnes disent qu'il est important de ne pas avoir de faiblesses. Personnellement je suis totalement opposé à cette idée.

Si vous regardez les athlètes professionnels, vous verrez qu'aucun d'entre eux n'est complet.

Les coureurs de 100 mètres, par exemple, sont très forts sur cette distance, mais ils n'ont pas d'endurance pour un marathon. Les joueurs de tennis également ont des points forts et des points faibles.

Si un joueur est explosif, il est possible qu'il ne soit pas très endurant, pas autant qu'un autre en tout cas. Donc, oui, il peut être utile de n'avoir aucune faiblesse, mais c'est tout simplement irréaliste.

Plutôt que de passer son temps à vouloir améliorer ses points faibles, mieux vaut parfaire les choses que vous maîtrisez pour devenir meilleur, pour augmenter vos points forts. Quant à vos faiblesses, vous pouvez les déléguer.

Par exemple, même si je comprends la comptabilité de base, je ne gère pas les comptes de mon business. Je sais combien d'argent nous dépensons pour les différentes tâches dans mes entreprises, mais ce n'est pas moi qui m'en occupe au quotidien. C'est le rôle de mon comptable.

Je n'aime pas m'occuper du service clientèle. Même si j'adore communiquer et rencontrer nos clients, le fait de répondre plusieurs heures par jour aux emails, ne me satisfait pas. Donc, quelqu'un d'autre, en l'occurrence plusieurs personnes, gèrent mon service clientèle.

Je ne suis pas graphiste et je n'ai aucune prétention à vouloir l'être. Donc je ne m'occupe pas de cet aspect. Quelqu'un d'autre s'en occupe.

Je ne suis pas éditeur vidéo et je ne prétends pas pouvoir faire de la vidéo à haut niveau, donc d'autres s'en occupent. Et ainsi de suite.

Si vous pensez devoir tout maîtriser, être bon partout pour réussir, vous perdez votre temps. Mettez l'accent sur les choses et les activités pour lesquelles vous êtes performant et améliorez vos points forts.

Il est préférable d'être le numéro un mondial dans une discipline spécifique, que d'être moyen dans cinquante disciplines différentes.

La société actuelle veut collaborer avec des experts. Quand vous allez vous faire opérer du cœur, vous voulez le meilleur chirurgien du cœur. Vous ne voulez pas un médecin généraliste.

Le spécialiste est toujours plus respecté et mieux payé que le généraliste. C'est la réalité de notre société. Un athlète qui est numéro un mondial dans son activité est toujours plus respecté qu'un athlète moyen dans cinq ou dix disciplines différentes.

Donc ne pensez pas devoir être moyen dans tout ou avoir l'obligation de tout faire.

Il est préférable d'être le meilleur dans une ou deux choses, d'utiliser vos forces et de trouver quelqu'un d'autre pour gérer les activités nécessaires mais dans lesquelles vous n'avez pas d'expertise.

Les éléments que je vous conseille de maîtriser à fond sont le marketing et la vente. Dans n'importe quel business, si vous voulez réussir, vous devez maîtriser le marketing et la vente.

La réalité est qu'aucune entreprise au monde ne fleurit sans un cerveau et un esprit marketing et vente à la tête de l'entreprise.

Les plus grandes entreprises et les produits les plus utilisés sont toujours le fruit d'entrepreneurs qui maîtrisent et comprennent le marketing, tels que Steve Jobs. Bill Gates n'était expert ni en marketing ni en vente ; il s'est donc associé avec Steve Ballmer.

Il est absolument indispensable d'être très pointu dans un domaine principal qui englobe le marketing et la vente, en partant évidemment du principe que vous avez un produit ou un service de qualité sans quoi, vos acheteurs ne reviendront plus jamais vers vous.

Ne pensez pas que vous devez tout savoir et tout maîtriser à la perfection. C'est non seulement irréaliste, mais c'est aussi une énorme perte de temps qui vous bloquera dans votre activité. Déléguer les tâches moins importantes et non-essentielles.

Si vous avez une ou deux compétences à très haut niveau, mieux vaut les utiliser et trouver des personnes telles que des collaborateurs, des employés ou des partenaires, qui, eux, maîtrisent les domaines dans lesquels vous n'êtes pas experts.

Voilà le moyen le plus rapide pour accélérer vos résultats. Cela vous permettra non seulement d'aller plus vite dans votre développement mais aussi de passer du temps à perfectionner ce que vous maîtrisez déjà.

Le monde n'a pas besoin d'un généraliste de plus. Le monde a besoin de spécialistes. C'est ainsi que fonctionne notre société. Soyez le spécialiste dans un domaine particulier et vous ne manquerez jamais de travail.

Vos facultés d'adaptation
déterminent votre réussite.
Matthias Mazur

6

TROUVER SON ÉQUILIBRE

Dans ce chapitre, je vais couvrir l'importance de trouver l'équilibre entre rester professionnel et concentré sur une affaire et savoir s'amuser sans trop se prendre au sérieux.

L'un des plus grands entrepreneurs de notre ère est Richard Branson, créateur de l'empire Virgin.

Ce qui est intéressant avec Branson, c'est qu'il est le premier à vouloir s'amuser sans trop se prendre au sérieux. Pourtant, il vaut des milliards d'euros et il possède plus de trois cents sociétés actives.

L'un de mes meilleurs amis a eu la chance de passer plusieurs semaines avec Branson. Il m'a ensuite expliqué que non seulement son image publique est celle d'une personne détendue et tranquille, mais qu'il est également comme cela dans sa vie privée et dans ses relations amicales.

Il a donc très bien réussi tout en restant humain ; il n'hésite pas à s'amuser et à ne pas trop se prendre au sérieux.

Je pense qu'il y a beaucoup d'entrepreneurs qui se prennent trop au sérieux.

Prenons par exemple la manière dont ils s'habillent. Nombreux sont les entrepreneurs qui pensent que, parce qu'ils ont une entreprise, ils doivent s'habiller en costume-cravate, qu'ils doivent absolument véhiculer une image professionnelle ; mais c'est une perception erronée.

Encore une fois : chacun est différent et a la possibilité de se vêtir comme il le souhaite, mais dans mon propre cas, je me sens très bien habillé de manière simple.

Je ne suis pas fan de montres, de cigares, de bagues ou de bijoux, d'habits de luxe et je ne suis pas matérialiste en comparaison de la grande majorité des entrepreneurs, cela me met à l'aise de pouvoir m'habiller comme je le souhaite.

Et le fait d'être entrepreneur et créateur, vous donne la possibilité de vous habiller comme vous le voulez. Et je fais plein usage de ce luxe-là.

N'essayez pas d'être quelqu'un que vous n'êtes pas. Personnellement, je ne serai jamais celui qui s'habille en costume-cravate car cela ne m'intéresse pas et ne colle pas à ma personnalité.

Je suis très détendu et j'ai encore cette fibre d'athlète. J'aime beaucoup m'habiller en tenue de sport, c'est ainsi que je me sens le mieux.

Quand on filme des épisodes ou vidéos de « Matthias Mazur », il y a parfois des choses que je dis, que je fais ou des situations drôles que l'on ne coupe pas, tout simplement parce que cela fait partie de moi, de mon côté « humain ».

Personne n'est parfait, donc ne vous obligez pas à l'être et à ne jamais vous divertir, plaisanter, rire et vivre. Au contraire, vivez le moment présent ; si vous voulez faire une vidéo amusante ou poster une image drôle sur Snapchat, Instagram ou Facebook, faites-le.

La « police Internet » ne va pas venir vous arrêter pour publicité, photo ou vidéo humoristique !

Gardez toujours le juste équilibre entre la rigueur, le professionnalisme et le fait que la vie est trop courte pour ne pas s'amuser. Ne vous attardez pas sur des choses sans importance.

Beaucoup d'entrepreneurs, qu'ils débutent dans l'entrepreneuriat ou qu'ils aient déjà de l'expérience, se réveillent à 40 ou 50 ans en se disant qu'ils ne se sont pas vraiment amusés dans leur activité. Ils commencent à se lâcher seulement après cette prise de conscience.

Donc, ne perdez pas 10, 15 ou 20 ans en pensant que vous devez toujours être sérieux.

Être sérieux et rigoureux est important, évidemment, sans quoi, il sera difficile de mettre en place une affaire qui tourne bien. Une entreprise demande de la rigueur et du professionnalisme. Mais en même temps, il est très important de s'amuser dans tout ce que l'on fait.

Je me dis toujours qu'il est préférable de gagner moins mais de s'amuser, d'avoir un mode de vie qui me plaît et me passionne, plutôt que de gagner beaucoup d'argent et d'être en permanence stressé, énervé et angoissé.

C'est un équilibre à trouver pour vous-même. Mais sachez qu'il est important d'avoir le temps et la présence d'esprit de s'amuser, de rire, de ne pas trop se prendre au sérieux, de faire des activités qui vous intéressent et pas seulement des choses obligatoires.

Vous allez passer énormément de temps dans votre activité. Il y a une vidéo très touchante de Steve Jobs enregistrée à Stanford que je vous conseille de visionner. Vous la trouverez sur internet en tapant « Steve Jobs Stanford » dans Google.

Dans cette vidéo, il explique très simplement que vous allez passer la grande majorité de votre temps au travail ou à faire quelque chose en rapport avec votre activité professionnelle.

Généralement, vous passez plus de temps physiquement au travail ou avec vos collègues qu'avec votre propre famille.

Donc, à vous de voir l'expérience que vous voulez en faire : vous amuser, rigoler de temps en temps, ne pas vous prendre au sérieux ou être toujours coincé sans même avoir la présence d'esprit de lâcher prise et de vous détendre.

Vous le remarquez avec mes publications internet ou mes événements et séminaires : certaines choses sont évidemment plus sérieuses que d'autres dans l'entrepreneuriat et dans le business, mais je fais toujours cela avec mon style et mon grain de folie.

J'aime m'amuser et le partager. Parfois, je publie même des bêtisiers vidéo parce que cela fait partie des enregistrements et de la vie !

La vie est trop courte pour se prendre au sérieux. Si vous lancez une activité ou une entreprise, c'est parce que cela vous plaît. Il est donc important d'avoir cette présence d'esprit de vous dire que vous voulez réussir, mais pas sans vous amuser.

Si vous utilisez les réseaux sociaux (chose que je vous conseille fortement de faire), publiez des photos ou des vidéos drôles.

Un de mes meilleurs amis gère un fond d'investissement de plusieurs centaines de millions d'euros, est un professionnel très sérieux, mais a une personnalité totalement déjantée et détendue. Même s'il gère près d'un milliard d'euros, il s'amuse et publie du contenu vraiment amusant.

Si vous avez un côté humoristique, comique et que vous aimez faire ça, vivez des moments drôles avec votre équipe. Trouvez le bon équilibre entre le côté professionnel et sérieux et le côté fun et amusant.

Les deux sont étroitement liés : si vous voulez construire une bonne expérience professionnelle et un développement d'activité croissant, il est important de prendre plaisir tout en faisant les choses bien.

Votre passé
n'est pas
votre avenir.
Matthias Mazur

7

SE PROTÉGER DES ÉLÉMENTS TOXIQUES

Dans ce chapitre, je vais couvrir l'importance de protéger votre esprit des éléments toxiques environnants.

Il y a tellement de messages négatifs partagés par la presse papier et télévisée, qu'il est très important de protéger votre esprit de cette « toxicité » qui peut rapidement vous faire dérailler du chemin à suivre.

J'appelle cela « toxicité » car elle peut vraiment avoir un effet néfaste sur ce que vous faites et peut mener à la confusion, voire à l'abandon de votre projet de vie. Une ou plusieurs personnes ayant l'habitude de rabaisser vos rêves, de contredire vos actions et d'essayer de vous tirer vers le bas peuvent réellement vous porter préjudice.

Si vous faites l'inventaire de votre vie, vous remarquerez qu'il y a des personnes qui contribuent à votre développement et vous aident. Mais il y en a d'autres qui ont la fâcheuse manie de vous rabaisser et de constamment critiquer vos décisions et votre enthousiasme.

Dans ma vie, j'essaye de toujours être entouré des bonnes personnes, de celles qui vous tirent vers le haut, que ce soit d'un point de vue personnel, familial, amical ou encore professionnel.

Il faut absolument être entouré par des personnes qui ont de l'ambition, des rêves, qui pensent comme vous et qui veulent arriver à des résultats similaires... ou du moins qui vous soutiennent à 100%.

C'est pour cela que ce chapitre pourrait s'intituler « protégez votre esprit ». Quel que soit le chemin que vous prenez, vous serez toujours critiqué.

Je donne toujours l'exemple des présidents : quand un président est élu à la tête d'un pays, il est le plus souvent en course avec un autre candidat. En règle générale, la différence entre les deux candidats est très faible. Il gagne généralement avec un peu plus de 50% des voix et le numéro deux perd avec environ 49% des suffrages.

Il est très intéressant de voir que sur une victoire présidentielle, le numéro deux est généralement très proche du candidat gagnant.

Pourquoi cet exemple ? C'est simple. Quelle que soit la direction que vous prenez, votre rêve ou votre ambition, vous aurez toujours le soutien de certaines personnes et les critiques des autres.

Si vous faites quelque chose, si vous changez de voie et que vous quittez votre emploi, si vous lancez une nouvelle affaire, si vous commencez un nouvel hobby, si vous déménagez ou si vous partez vivre votre rêve, ceux qui n'ont pas le courage ou les outils psychologiques pour le faire seront généralement ceux qui vous critiqueront le plus.

Cela vient généralement par envie ou jalousie et montre une faiblesse de leur part. Les personnes confiantes et qui poursuivent leurs objectifs ne sont généralement pas celles qui critiquent. Elles sont trop occupées à vivre leur vie, à poursuivre leur chemin et à aller en direction de leurs rêves.

Celles qui vous critiquent sont généralement celles qui n'avancent pas, qui font du surplace ou même parfois, qui reculent. Quand elles voient que vous faites quelque chose, que vous êtes motivé et prenez des risques, elles ne vont donc pas vous soutenir.

Il est très important de protéger votre esprit des mauvaises influences, des personnes qui ne vous apportent rien et qui vous prennent trop de temps. Protégez votre esprit des endroits néfastes et du négativisme ambiant.

Protégez votre esprit pour pouvoir allouer un maximum de ressources et de temps à vos actions.

Être entouré de personnes positives qui ont les mêmes rêves que vous, vous permettra d'être beaucoup plus heureux. Vous vous sentirez soutenu et aurez à vos côtés des personnes avec qui vous pourrez partager, rêver, vous motiver les uns les autres et célébrer les victoires.

Chaque fois que je parle de ce thème, je reçois généralement des remarques de personnes me demandant comment faire si un membre de la famille est néfaste, affirmant qu'il est impossible de l'exclure de sa vie.

Je ne vous dis qu'il est facile de supprimer quelqu'un de votre vie. Il arrive même que vous deviez vivre au quotidien avec cette personne. Mais cela signifie que vous allez être obligé de moins partager avec elle. Actuellement, chaque fois que vous lui dites quelque chose, il est possible que cette personne trouve toujours le moyen de vous rabaisser ou de détruire vos ambitions avec des énergies qui ne sont pas positives, nuisant considérablement à vos ambitions.

Si vous avez quelqu'un dans votre proche entourage que vous ne pouvez pas éviter ou supprimer du jour au lendemain, sélectionnez simplement les informations que vous lui divulguez.

C'est le meilleur et le seul moyen que j'ai trouvé pour rester sain d'esprit et pour pouvoir cheminer en direction de mes rêves.

Protégez-vous
des énergies
toxiques.
Matthias Mazur

8

RESTER HUMBLE

Dans ce chapitre, j'aimerais partager un principe, celui de l'importance de rester humble. Je pense que c'est un thème dont on parle trop peu.

On évoque très souvent la croissance, l'ambition - et je suis le premier à être ambitieux – on parle de ses objectifs, de sa volonté de tout gagner (même si c'est impossible).

Mais au quotidien, même s'il est important de se développer, de développer son affaire et ses compétences, de devenir meilleur, de grandir, de se débarrasser des choses négatives et de devenir plus sain, il est primordial de prendre conscience de ce que l'on possède déjà.

Il y a, dans votre vie actuelle, de nombreuses choses géniales. Cela peut être la présence de votre famille, la relation avec votre conjoint, vos enfants, vos parents, votre santé, votre situation professionnelle ou financière… et ce sont des choses que beaucoup de personnes n'ont pas.

Quand on est toujours axé sur le développement et le fait de grandir, on a souvent tendance à oublier ce que l'on a déjà, la chance et les éléments positifs de notre vie actuelle. Ces derniers sont notre centre, notre repère, il ne faut pas les ignorer.

Même si l'on signe d'importants contrats, si l'on a des grandes victoires, si l'on perd quelque chose ou si l'on ne fait pas aussi bien que souhaité, il est vraiment important de garder cette petite phrase en tête : « merci pour ce que j'ai déjà ».

Il y a quelques années je me suis gravement blessé à la hanche. J'avais commencé une nouvelle méthode d'entraînement sans vraiment être prêt, j'ai commencé trop vite et trop fort.

C'est quelque chose que j'ai souvent fait dans ma vie. Je veux aller tellement vite et tout réussir, que, parfois, je ne me laisse pas assez de temps. J'apprends avec l'âge, à me laisser le temps et à être plus patient.

Malheureusement, je me suis donc blessé à la hanche. Et vu que j'ai beaucoup joué au tennis pendant 10 ans, non-stop entre 11 ans et 21 ans, en passant dix, quinze, vingt heures par semaine à courir, à sauter, à me déplacer et à faire des rotations avec le bas de mon corps, mes hanches étaient sous pression constante.

Les hanches sont toujours sous tension puisque vous êtes en permanence en train de courir, freiner, accélérer et tourner.

Beaucoup de tennismen se font opérer des hanches. Certains arrivent à rejouer et à finir leur carrière, mais d'autres doivent arrêter à cause de fortes douleurs.

Le problème d'une blessure à la hanche est important car cette partie du corps est utilisée dans chaque mouvement ; pour marcher ou même pour dormir : près de 50% du poids du corps repose sur les hanches quand vous dormez.

Pendant plus de six semaines je n'arrivais pas à marcher, je boitais sur l'autre jambe et j'ai refusé d'aller chez le médecin parce que je me suis dit que ça passerait.

Mais finalement, je suis allé consulter car je ne pouvais plus bouger. J'avais tellement mal que j'ai pris des anti-inflammatoires quotidiennement pendant trois semaines. Mais la douleur ne diminuait pas.

Je me rappelle quand j'ai passé une IRM pour savoir ce qu'il se passait avec ma hanche : alors que je me préparais pour le scan, l'infirmière est venue me dire que je devais m'asseoir dans une chaise roulante parce que je ne pouvais plus marcher. C'est dans ce genre de moments, quand votre corps dit « stop », que vous avez des larmes aux yeux parce que vous ne pouvez pas mettre un pied devant l'autre sans la sensation que quelqu'un racle votre fémur avec une lame de rasoir, que vous prenez conscience que tout est éphémère et que sans la santé, nous ne sommes rien.

Même si j'en suis très conscient, je mène chaque jour cette réflexion en me demandant si je suis suffisamment reconnaissant pour ce que je possède ; et je fais toujours attention d'être conscient de ces deux forces : la reconnaissance et l'ambition.

Quand vous êtes poussé dans une chaise roulante à l'âge de vingt-sept ans alors que vous étiez un athlète de haut niveau, que vous ne pouvez plus poser le pied par terre, ça rend encore plus humble.

Quotidiennement, il est important de simplement être content et reconnaissant pour ce que l'on a, avoir conscience que l'on peut tout perdre du jour au lendemain, qu'une personne que l'on aime peut disparaître d'une minute à l'autre, que l'on peut se blesser et avoir un accident. Tout est éphémère.

Lorsque tout va bien ou même en cas de petite contrariété, il est très important d'être et de rester humble.

Et quand vous gagnez, quand vous pensez être imbattable, il est très important de rester humble. La différence entre gagner et perdre est tellement infime, que vous pouvez passer d'un état à l'autre en l'espace de quelques secondes.

Je me rappelle quand j'étais numéro un suisse et que j'ai intégré le Centre de Formation National de Tennis, j'avais des sponsors, j'étais dans la presse, j'étais espoir suisse. Après ma déchirure musculaire à la cuisse droite, j'ai perdu tous mes sponsors.

Du jour au lendemain, je suis passé du statut de « joueur désiré », demandé, dans les journaux, à la valeur zéro. En tant que joueur, quand vous êtes blessé, votre valeur chute ou est même parfois complètement effacée. Les entraîneurs ne font plus attention à vous. Vos concurrents sont contents parce que vous représentez un adversaire de moins à battre sur la route de la victoire.

C'est la réalité, et il faut s'adapter.

Il est donc très important de rester humble, dans la victoire comme dans la défaite. Soyez reconnaissant de ce que vous avez en toutes circonstances.

Tout commence
par une
bonne santé.
Matthias Mazur

9

ROUTINE MATINALE

Dans ce chapitre, j'aimerais couvrir l'importance d'avoir une routine, un rituel matinal pour donner de la stabilité à votre vie.

J'ai appris très tôt que dans le monde du sport, les meilleurs athlètes sont ceux qui ont des routines bien établies. Je n'ai d'ailleurs jamais rencontré un athlète qui n'a pas soit une routine, soit un rituel clair le matin ou avant d'entrer en compétition.

C'est un concept que j'ai appliqué rapidement dans le monde sportif et sur lequel les entraîneurs mettaient régulièrement l'accent. J'ai très vite remarqué que me lever le matin et avoir un quotidien changeant ne m'apportait aucune stabilité.

La clé que possèdent ces athlètes professionnels est la stabilité. Ils doivent être capables de reproduire leurs performances été comme hiver, en Amérique du Nord, en Europe, en Asie ou dans n'importe quelle situation.

J'ai donc trouvé quelque chose qui fonctionnait bien pour moi. Avant une compétition, avant un tournoi par exemple, je me levais le matin et j'allais tout de suite courir 20 à 40 minutes.

C'est ce que l'on appelle un « réveil musculaire » pour émerger, bouger, transpirer, pour élever la température du corps et le rythme cardiaque, pour s'étirer, être bien éveillé et prêt pour la journée.

Je le faisais quand je m'entraînais en Suisse, en Espagne, en Belgique ou en France. Je le faisais religieusement. Chaque matin, je me levais à peu près 45 minutes avant les autres et j'allais faire un petit footing d'une trentaine de minutes suivi d'étirements.

Cela permettait à mon corps de se préparer doucement pour la journée à venir. Les journées consistent généralement en trois à cinq heures d'entraînement et celles de compétition en au moins un ou parfois deux matchs.

Le corps doit donc être prêt car avec les imprévus du tournoi, il est possible, parfois, qu'en arrivant au club, vous deviez jouer dans les dix minutes qui suivent.

A contrario, si un match se prolongeait, cela voulait dire que j'avais davantage de temps pour me préparer une fois arrivé au club. Au lieu d'attendre ou d'espérer que d'autres personnes aient un match qui se prolonge, je me levais plus tôt pour me préparer à ma façon et être prêt en arrivant au club, pour un entraînement comme pour un tournoi.

J'ai eu la chance de m'entraîner avec certains des meilleurs joueurs au monde, d'observer la manière dont ils se préparent avant les matchs, pour l'entraînement. Chacun d'entre eux a un rituel, une routine très spécifique.

Je me rappelle quand j'ai côtoyé Rafael Nadal en catégorie junior sur le circuit européen junior. Il avait une préparation d'avant match très spécifique. Lorsqu'il rentrait dans les vestiaires, il avait deux énormes sacs et fonçait, tête baissée.

Il regardait le sol et si vous aviez la malchance de vous trouver sur son passage, il vous bousculait. Ce n'était pas du tout par méchanceté. Nadal était quelqu'un de très sympa.

Il imposait simplement son rythme et sa manière de faire dans les vestiaires. Lorsqu'il se préparait, il faisait des sprints, des sauts et beaucoup d'exercices explosifs, juste à côté des autres, qui se préparaient tranquillement.

Cela mettait immédiatement tout le monde sous pression. On le voyait sauter et bondir dans tous les sens ; il annonçait d'ores et déjà la couleur !

Si vous analysez tous les grands athlètes, artistes et entrepreneurs, vous verrez qu'ils reproduisent certains rituels chaque jour.

Personnellement, ma routine du matin est toujours la même. Je me lève généralement vers 7h30 et les deux premières heures de la journée sont les miennes.

Je suis injoignable, personne ne peut me contacter et mon équipe sait qu'elle ne recevra pas de réponses ou d'emails avant environ 9h30.

Je crois fortement en cette idée d'être l'architecte de votre vie et donc, les deux premières heures de ma journée sont toujours identiques.

Je me lève et je commence toujours par une activité physique : fitness, course, marche, hockey sur glace ou yoga. Cela me permet de prendre soin de mon corps et de me sentir bien et alerte mentalement pendant le restant de la journée.

Si mon corps ne se sent pas bien, mon esprit divague et je perds en clarté mentale. Je sens une corrélation directe entre mon état physique et mon état psychologique. J'ai donc besoin d'aller faire du sport dès que je me réveille.

Avant de sortir, je bois environ un litre à un litre et demi d'eau. Parfois, je presse quatre citrons dans l'eau que je bois immédiatement au réveil.

Après ma session de sport, le plus souvent, je me fais un café avec une recette un peu étrange : j'ajoute du beurre, de l'huile de coco et de la poudre de cannelle.

C'est une formule qui permet à mon corps de fonctionner avec des lipides, des graisses et de la caféine et qui me donne un niveau d'alerte et de productivité optimal pour la journée.

Je commence ensuite ma journée de travail aux alentours de 10h. Mon équipe sait que pendant les deux ou trois premières heures de la journée, elle n'obtiendra pas de réponse à moins que ce soit pour une urgence absolue, chose qui se produit deux voire trois fois par an, pas plus. Le reste du temps mon rituel guide ma journée.

Et j'ai remarqué que quand je n'ai pas la possibilité de suivre cette routine, quand je voyage et que j'ai un vol transatlantique par exemple, j'ai moins de stabilité et ma productivité diminue pour la journée ou parfois, pour les deux ou trois jours qui suivent.

Lorsque je contrôle ma journée dès le réveil, je suis vraiment plus productif. C'est une condition essentielle à mon bien-être et à mon efficacité.

Il est donc très important de suivre une routine et un rituel dès le matin. Même si vous avez actuellement un emploi, vous pouvez, et je vous encourage à le faire, créer votre propre routine.

Il sera peut-être nécessaire de vous lever un peu plus tôt, mais faire de l'exercice physique au réveil et boire un litre d'eau vous apportera beaucoup pour le reste de la journée.

J'ai également remarqué que sans ma routine, je suis davantage attiré par la malbouffe. On peut en conclure que mon rituel me procure un équilibre physique mais aussi un équilibre psychologique.

Réfléchissez donc à la manière d'intégrer une routine ou un rituel matinal.

Cela vous permettra d'être plus alerte, d'avoir le sentiment de contrôler votre emploi du temps.

Les champions
sont constamment
en mouvement.
Matthias Mazur

10

FAIRE L'UNANIMITÉ EST ILLUSOIRE

Au quotidien, de nombreux entrepreneurs affrontent la critique, directement ou indirectement.

Il est donc indispensable d'apprendre à la gérer au mieux pour continuer votre aventure et rester bien dans votre esprit et dans votre corps.

Entrepreneur depuis une quinzaine d'années, j'ai personnellement été confronté à la critique depuis mon plus jeune âge.

Alors que je voulais devenir joueur de tennis professionnel, un épisode m'a particulièrement marqué. J'avais 12 ans et mon père était venu me chercher à la fin d'un entraînement. Je m'entraînais alors avec plusieurs autres espoirs dans ce club.

J'entre dans la voiture, je m'assieds et mon père me donne une lettre. Je l'ouvre sous son regard mécontent. Je la lis rapidement. Elle provenait de la Fédération Suisse de Tennis.

Ce qui est intéressant, c'est que mon père n'était pas déçu de moi, il était déçu pour moi. Parce qu'il savait à quel point j'adorais le tennis. Depuis tout petit, quand quelqu'un me demandait « que veux-tu faire plus tard, quand tu seras grand ? »

Je répondais toujours : « joueur de tennis professionnel ». Simple. Sans hésitation. C'était clair. Et forcément, chaque père veut voir son fils être heureux et réussir.

Cette lettre disait que je n'étais pas retenu pour faire partie des cadres et des espoirs élites de cette année-là, mais que je pouvais me représenter l'année suivante.

Quand vous avez 12 ans, que votre rêve est de devenir joueur de tennis professionnel et que vous recevez une telle lettre, c'est la fin du monde.

Je me rappelle avoir pleuré toutes les larmes de mon corps. C'était vraiment la fin pour moi. Finalement, cette lettre a eu un effet radical sur ma manière de fonctionner.

Cette lettre a littéralement changé ma vie parce que, de manière très instinctive, et même primale, je me suis dit que s'ils ne voulaient pas de moi aujourd'hui, je devais travailler et devenir bon au point où ils viendraient eux-mêmes me chercher.

Au cours des vingt-quatre mois qui ont suivi, j'ai travaillé non-stop et je me suis entraîné toujours plus.

J'ai commencé à noter et à répertorier tout ce que je faisais et à garder des notes sur ce que disaient mes entraîneurs pendant les entraînements.

J'avais un cahier dans lequel j'écrivais, à la fin de mes entraînements, les découvertes ou les choses apprises chaque jour. De petits conseils, bonus, les petites choses importantes dont se souvenir lors d'un match, par exemple.

J'ai ainsi vraiment pris le tennis au sérieux et j'ai commencé à le traiter comme un professionnel. Je planifiais mon calendrier et je m'entraînais beaucoup plus intensément que les autres.

Quand je rentrais à la maison, je m'entraînais facilement entre trente et soixante minutes supplémentaires. Près de la maison de mes parents, en Suisse, il y a la possibilité de faire beaucoup d'entraînements en pente.

J'allais donc faire des sprints en côte et en montée pour travailler mon endurance, ma vitesse, mon explosivité et je faisais des étirements, des pompes et de la corde à sauter. Tout ça après l'entraînement de base.

Les autres ne voyaient pas combien je m'investissais puisque je le faisais seul. En hiver, je faisais de la corde à sauter et des entraînements physiques dans le garage, alors qu'il neigeait dehors.

Et deux ans plus tard, cela a payé, je suis devenu numéro un du pays. Non seulement cela m'a montré l'importance de se préparer, de se former, mais cela m'a également donné une indication : les gens vous critiqueront toujours.

Quel que soit votre domaine d'activité, ce que vous essayez d'accomplir, votre niveau et vos rêves, les critiques n'arrêteront jamais.

Quand je suis devenu numéro un, les gens critiquaient évidemment, ils s'interrogeaient sur la façon dont j'avais procédé, sur comment j'avais fait pour devenir numéro un en sortant de « nulle part ».

Et quand j'ai voulu démarrer mon business, ça a été exactement pareil. Il y a eu les premières questions de la part des cyniques et des sceptiques qui disaient que je n'étais « pas qualifié », que je n'étais « qu'un adolescent sans diplôme ». J'entendais dire que je n'avais ni expérience, ni compétence pour monter mon affaire.

Et c'était vrai. À l'époque, je n'avais aucune expérience dans le monde du business. J'ai monté ma première affaire sur internet à 17 ans. Je n'avais pas fini une grande école de commerce, je n'avais pas non plus de diplôme d'université, je n'étais encore qu'un adolescent.

En face de moi, ces personnes étaient parfois gentilles mais ensuite, elles me critiquaient dans mon dos ou ouvertement. Cela fait partie du quotidien. J'en avais déjà vu d'autres.

Quoi que vous fassiez dans votre vie et quels que soient vos objectifs, vous ferez toujours face à la critique.

Plus vite vous vous habituerez à cela, moins vous attendrez d'encouragements des autres, moins vous essayerez de faire l'unanimité, plus vous gagnerez.

Souvenez-vous qu'un président est toujours élu, dans les pays de l'ouest (en Europe ou en Amérique du Nord), de manière très serrée. Il obtient généralement un vote correspondant à 50,...%, contre les 49,...% de son adversaire. Cela signifie que près de la moitié du pays est défavorable au président élu.

Voilà un petit exemple à garder à l'esprit : vous ne ferez jamais l'unanimité. Plus vous durcirez votre état d'esprit, mieux vous supporterez la critique.

Être critiqué veut dire être remarqué. Si personne ne vous remarque, personne ne vous critique. Si vous commencez à être critiqué, c'est que vous faites enfin quelque chose.

Personnellement, j'adore être critiqué. Généralement, ceux qui vous critiquent ont eux-mêmes abandonné leurs rêves, leurs objectifs. Ils ont le temps de critiquer car ils n'ont rien d'autre à faire.

Vous ne verrez jamais quelqu'un qui réussit dans son activité critiquer une autre personne. C'est la forme de communication la plus basse.

Les gens qui bougent et qui créent n'ont pas le temps de critiquer parce qu'ils avancent, ils ont toujours à l'esprit ce qu'ils peuvent faire pour se développer et maximiser leur activité, pour apprendre et pour rencontrer des gens.

En conclusion, occupez-vous de vous ! Acceptez de ne jamais faire l'unanimité et mettez de côté l'idée d'être aimé et adoré par tout le monde. La majorité des gens ne vous aimera pas.

Plus vous gagnez en visibilité et plus vous êtes exposé, plus vous essuierez de critiques. C'est ainsi que va le monde.

Vous devez simplement continuer à vous demander si vous souhaitez suivre votre voie et vous développer, développer votre projet et votre rêve ou succomber à la bassesse des critiques, à l'illusion de vouloir plaire à tout le monde...

Concentrez-vous sur votre propre chemin. Si vous voulez quelque chose et si vous y croyez, c'est à vous de le concrétiser. La pensée positive est très utile, mais rien ne vaut l'action. C'est à vous d'agir, d'entreprendre, de créer pour atteindre les résultats escomptés.

Une fois que vous aurez atteint vos objectifs, souvent, les critiques se tairont et vous applaudiront. Ils vous diront même qu'ils ont « toujours cru » en vous. Mais en votre for intérieur, secrètement, vous sourirez parce que vous connaîtrez la vérité.

Souvenez-vous : être critiqué veut dire être remarqué. Un président est souvent élu avec 49% des voix contre lui ; donc n'essayez pas de faire l'unanimité.

Construisez une vie, un projet ou une entreprise dont vous êtes et serez fier.

Arrêtez d'essayer
de faire l'unanimité.
Matthias Mazur

11

INVESTIR DANS SES RELATIONS

Dans ce chapitre, j'aimerais couvrir un thème qui me tient particulièrement à cœur, celui de l'importance d'investir dans vos relations.

Notre société actuelle privilégie étrangement le stress, la vitesse et la consommation, les relations éphémères sur tel ou tel nouveau réseau social ; et malheureusement, les relations tissées depuis quelques mois, quelques années ou depuis le début de votre vie, ne sont plus la priorité. Elles sont reléguées sur le siège passager, comme si investir dans des relations « vraies » n'était pas important.

Qu'est-ce que j'entends par « vraies » relations ? Ce sont celles nouées avec votre famille, vos parents, vos enfants si vous en avez, vos amis d'enfance, vos tantes, frères, sœurs, meilleurs amis, etc...

Dans notre ère digitale à outrance, nous sommes entourés de téléphones. J'en ai trois moi-même. Je suis donc parfaitement conscient de cela.

Je suis constamment connecté et je pense que c'est le cas pour la majorité des lecteurs. Vous êtes en contact permanent avec d'autres personnes via votre téléphone, emails, Skype, réseaux sociaux et autres applications diverses.

Mais curieusement, malgré cette constante connexion, nous sommes déconnectés des vraies relations. Les relations sont moins profondes qu'il y a quelques temps. Nous sommes moins « présents ».

J'ai remarqué que plus on avance dans la société, plus on s'éloigne des relations avec les personnes qui nous sont chères et plus on crée de relations superficielles, avec des personnes que nous n'allons pas vraiment rencontrer dans notre vie.

Mais il est vraiment important d'investir dans les relations actuelles plutôt que d'essayer sans cesse d'en bâtir de nouvelles.

Et par « investir dans une relation », je veux dire investir temps, énergie et effort mais aussi argent.

Si vous faites un inventaire des personnes qui comptent pour vous, de celles que vous voulez vraiment avoir à vos côtés toute votre vie et à votre chevet lors de vos derniers instants, j'imagine qu'il n'y en a pas plus de cinq.

Étrangement, la vitesse à laquelle va ce monde ne nous donne pas la possibilité ou ne contribue pas à privilégier et approfondir nos relations antérieures.

Je vous explique cela du haut de mes 30 ans, ce qui peut vous paraître jeune. Je ne suis pas né dans le monde digital, j'ai grandi sans téléphone portable. Le premier, je l'ai eu par nécessité à l'âge de 14 ans quand je voyageais de tournoi en tournoi pour le tennis. C'était un de ces vieux téléphones qui, à l'époque, offrait seulement la possibilité de téléphoner et d'envoyer des messages texte. Internet sur les téléphones n'existait pas encore.

J'ai donc grandi au fur et à mesure avec les évolutions technologiques. Mais je ne suis pas né comme les enfants de 2005 ou 2010, pour lesquels un iPad avec accès à YouTube et à des milliers d'application est normal.

Je suis très chanceux d'avoir pu grandir entre la génération de mes parents et la génération actuelle, celle des jeunes qui sont nés après 2000 et pour laquelle vivre sans téléphone portable et sans connexion internet est inconcevable.

Personnellement, ça me donne encore plus de temps et d'opportunités pour apprécier la nécessité d'investir dans les relations.

Qu'est-ce que j'entends par « investir » ? Cela signifie mettre de l'énergie, de l'argent, du temps et des ressources pour approfondir ou réparer vos actuelles relations.

Peut-être que certaines personnes vous sont chères mais qu'aujourd'hui, vous n'êtes plus en contact avec elles.

Parfois, cela vaut la peine de prendre le temps de mettre son ego de côté, d'appeler la personne en question et d'essayer de rétablir la situation, même si elle avait tort et que vous estimez qu'elle « devrait s'excuser d'abord ».

Cela vaut la peine d'investir de l'énergie, du temps dans une relation qui peut-être, à un moment donné, vous a été chère mais qui n'est plus aujourd'hui ce qu'elle était.

Je parle avec mes parents presque chaque jour. C'est exceptionnel que je ne leur parle pas au moins une fois par jour.

Ce mode de fonctionnement me permet de garder les pieds sur terre et de conserver la relation que j'ai avec eux. Je me rends compte que j'ai 30 ans, qu'ils ne sont pas tout jeunes. Un jour viendra où ils ne décrocheront plus le téléphone et ils ne seront simplement plus là pour discuter avec moi.

En tant qu'entrepreneur, je suis toujours en mouvement, chaque jour en train de bouger. C'est ce qui me rend vivant et me permet de rester sain d'esprit, intuitif et vif.

Il n'est pas toujours facile de trouver un moment pour appeler, je l'admets tout à fait. Je suis mieux placé que quiconque pour le comprendre.

Je gère une agence, des employés, du travail, des responsabilités, des charges, des rendez-vous quotidiens et ma vie personnelle, mais je me force à appeler tous les jours.

Si vous avez traversé ou traversez une période difficile, vos relations se sont peut-être détériorées, mais vous devez essayer de les réparer.

Cela vaut la peine de payer un billet de train ou d'avion pour aller voir la personne en face-à-face. C'est quelque chose que je fais. Pour les relations que je veux conserver avec les personnes qui me sont chères, je fais l'effort de me déplacer.

J'ai 30 ans et je suis plus souvent avec mes parents chaque année que plusieurs de mes amis réunis. Je passe entre un et trois mois aux côtés de mes parents.

C'est ainsi que j'ai construit ma vie et que je la vis ; j'ai besoin d'être en contact avec les gens que j'aime. C'est ce qui fait mon bonheur et contribue à mon bien-être.

Donc, même si vous êtes occupé, même si vous courez dans tous les sens, trouvez toujours une ou deux minutes pour contacter les personnes qui vous sont chères.

J'aime plaisanter en disant que si vous n'avez pas de temps, vous pouvez utiliser votre téléphone aux toilettes. Tout le monde va aux toilettes au moins une ou deux fois par jour. Profitez-en pour envoyer un texto si vous n'avez vraiment pas de temps.

Mon avis est que si vous voulez parler à quelqu'un, vous trouverez au moins quelques minutes par jour pour le faire.

J'ai la chance de connaître des entrepreneurs qui gèrent de grosses sociétés, qui génèrent des centaines de millions d'euros par année et qui trouvent le temps de parler avec leur famille, leurs enfants et leurs parents.

C'est quelque chose que je vous supplie de faire, gardez en tête que tout est éphémère.

Tout ce que vous faites au quotidien dans l'entrepreneuriat, même si ce sont des tâches importantes, ne valent rien face à la perte d'un être cher. La prospection, la vente, le développement d'un logo ou d'un partenariat, toutes ces choses que vous pensez être essentielles seront finalement dérisoires face à vos regrets d'avoir passé trop peu de temps avec vos proches.

Parce que le temps passe à une vitesse folle. Et cela vaut la peine d'investir dans ses relations, de ravaler son ego si c'est nécessaire, de s'excuser et ce, même si cela n'est pas fondamentalement de votre faute.

En conclusion, pensez à investir dans les relations, à les approfondir ou à réanimer celles que vous avez perdues. Avoir des regrets à la disparition d'une personne est la pire des tortures.

Investissez dans vos relations.
Matthias Mazur

12

DIFFÉRENCIEZ-VOUS

Dans ce chapitre, j'aimerais couvrir l'importance d'être remarquable. Être remarquable, qu'est-ce que cela signifie ? Cela veut tout simplement dire être remarqué et connu pour quelque chose de précis.

Je vais partager plusieurs histoires avec vous, des histoires vécues qui m'ont permis de me démarquer des autres.

Pourquoi je pense qu'il est important d'être remarqué ? Simplement parce qu'il y a beaucoup de médiocrité dans chaque marché, alors que tout le monde veut connaître le meilleur conseil, la méthode numéro un pour attirer prospects et clients, le moyen le plus facile pour grandir, développer une affaire ou un projet.

Mais la réalité est qu'il n'y a pas de méthode magique. S'il y a un élément que je mettrai toujours en avant, c'est celui d'être remarquable.

Il s'agit d'apparaître comme étant différent des autres. Il n'y a rien de pire que d'être « dans le ventre mou » d'un marché ou d'une activité, d'être simplement un parmi tant d'autres.

Pour être visible dans ce que vous faites, dans votre activité, que vous soyez entrepreneur, acteur, musicien ou photographe, vous devez attirer l'attention.

C'est quelque chose de normal pour moi, car je cultive un état d'esprit très anglo-saxon.

Je n'ai donc aucun problème avec le fait d'attirer l'attention, d'être sous le feu des projecteurs, de susciter un peu de controverse et de remuer le marché ou les secteurs dans lesquels j'évolue.

J'ai constaté que se fondre dans la masse, même si l'on se sent différent, est un état d'esprit assez européen voire francophone.

En Europe, la société fonctionne encore comme dans l'ancien temps. Et bien qu'il y ait une nette amélioration ces dernières années, nous sommes encore loin derrière l'ouverture d'esprit du monde anglo-saxon.

Je ne vends pas aveuglément les mérites du monde anglo-saxon, sa mentalité est loin d'être parfaite. Mais il est indéniable que l'ouverture d'esprit est plus grande, il n'est jamais mal vu d'être différent, remarqué, et donc, remarquable.

Pour être vu dans un marché ou par quelqu'un, pour être embauché si vous cherchez un travail, vous devez attirer l'attention.

Avant que quelqu'un ne vous paie, ne vous donne une responsabilité, ne vous donne davantage d'opportunités ou avant de pouvoir provoquer vos propres opportunités, vous devez accepter d'être remarquable pour attirer l'attention.

Sans attirer l'attention, vous êtes simplement invisible.

Vous devez ensuite susciter l'intérêt de la personne ou du marché en question. Après cela seulement, vous pouvez démarrer une relation commerciale l'un avec l'autre.

Mais tout commence par l'attention. Si personne ne vous connaît, ne fait attention à vous, personne ne peut vous payer, ni vous aider.

Si vous ne voulez jamais attirer l'attention de qui que ce soit, je peux vous dire que vous allez avoir du mal à vous démarquer des autres. Et fondamentalement, se démarquer des autres consiste à afficher ses différences, à devenir remarquable.

Sur votre chemin vers la différence, vous attirerez évidemment l'attention des cyniques, des langues de vipères et des critiques sur internet. Vous allez tirer du bon et du moins bon en vous montrant différent. Mais cela fait partie du jeu.

Personnellement, je n'ai aucun problème avec la critique car je sais que les cyniques sont généralement ceux qui, soit ne font rien de leur vie, soit sont frustrés de leur situation.

Cela me permet de filtrer à la perfection les personnes que je rencontre. Je ne donne pas une minute de mon temps à des cyniques et des critiques, c'est un mauvais investissement d'énergie.

Je vais vous donner un autre exemple concret. Sur ma page Facebook, j'exprime librement mes croyances et ma manière de vivre et parfois, cela dérange.

Cela dérange les personnes coincées et bloquées dans leur état d'esprit, celles qui sont frustrées dans leur vie ou dans leur activité. Je dis haut et fort ce que je pense, je ne mâche pas mes mots, je ne me justifie pas, je ne m'explique pas et je n'interagis pas avec les critiques.

Je partage mon expérience, mon expertise et mes stratégies. Si quelqu'un n'en voit pas la valeur ou l'utilité, il y a des dizaines de millions de pages sur Facebook qu'il peut suivre.

Je suis politiquement incorrect et je dis des choses qui peuvent heurter certaines personnes. Et généralement, cela heurte la sensibilité des personnes que j'essaie de repousser, donc c'est très bien!

Soit les lecteurs adorent mon style, soit ils le détestent. Il n'y a pas de juste milieu. Et c'est comme cela que je fonctionne. Je préfère être nature et avoir 5 vrais amis, qu'avoir 500 personnes fausses.

Le pire dans un marché ou une activité est d'être translucide, d'être au milieu et donc, médiocre. Je ne peux que vous conseiller d'être remarquable et connu pour quelque chose.

Soyez le plus cher, le moins cher, le plus expressif, le moins expressif, le plus rapide... Voilà donc un mode de pensée que j'ai appliqué très tôt dans ma vie et dans le monde du tennis. C'est également comme cela que j'opère dans le monde du business, sportif et même dans celui du cinéma.

Soyez remarquable. Personne ne vous dira que vous êtes parfait. La perfection n'existe pas. Mais si vous voulez avoir plus d'influence et plus de visibilité, vous devez vous différencier de la masse. La médiocrité ne paie pas bien.

Soyez le plus grand rêveur pragmatique.
Matthias Mazur

13

LE TRIANGLE GAGNANT

Dans ce chapitre, j'aimerais couvrir l'importance du triangle gagnant. Il s'agit de trois éléments qui facilitent considérablement le quotidien et contribuent à un meilleur développement et sentiment d'accomplissement.

Le premier élément indispensable est de prendre soin de sa santé.

Personnellement, c'est l'élément prioritaire, celui qui a une incidence directe sur mon quotidien. Quand je me sens en bonne santé, bien dans mon corps, tout devient plus facile.

Évidemment, si vous n'avez jamais rien fait pour votre santé, cela n'arrive pas du jour au lendemain. Je vous conseille fortement de consulter quelqu'un qui peut vous aider à y voir plus clair.

Commencez par exemple, par consulter un médecin, puis un nutritionniste qui puisse vous aider à choisir les bons aliments pour prolonger votre vie.

Pour ma part, je pense que tout ce que je fais au quotidien doit contribuer à la prolongation de ma vie.

Personne ne sait évidemment combien de temps nous allons rester sur cette terre, mais je vous conseille de réfléchir à votre vie en vous demandant si vos activités contribuent positivement à la prolongation de votre vie ou coûtent et/ou drainent votre énergie.

Par exemple, si vous fumez ou consommez des aliments malsains, vous ne mettez pas toutes les chances de votre côté.

Il est très important de prendre soin de son corps. Vous pouvez donc commencer dès demain à soigner votre alimentation, dès le réveil.

Par expérience, j'ai constaté que les entrepreneurs qui démarrent leur journée par une alimentation saine sont plus productifs.

Il m'arrive parfois, quand je suis en vacances ou pendant les périodes de fête de Noël, de manger de manière plus excessive, simplement parce qu'il faut aussi se lâcher de temps en temps, mais les conséquences directes se font rapidement sentir.

Je me sens moins productif pendant la journée, mon état d'esprit est moins net et mes idées moins claires.

Après avoir rencontré des milliers d'entrepreneurs, je peux vous dire que la majorité de ceux qui réussissent font attention à ce qu'ils consomment. Ils soignent leur corps car ils comprennent que cela a un impact direct sur leurs performances.

La priorité est donc votre santé. Sans la santé, nous n'avons rien, nous ne sommes rien.

Si vous n'êtes pas bien dans votre corps, il sera très difficile de vous sentir bien dans votre esprit. Comme le dit l'adage : « un esprit sain dans un corps sain ».

Au mieux vous soignez votre corps et votre santé, au plus vous serez productif.

Le second élément est l'importance de soigner ses relations.

Rien dans la vie n'est plus important qu'une famille et des proches qui croient en vous, qui vous soutiennent et qui vous aiment sans condition.

Évidemment, si vos relations familiales sont compliquées, peut-être devrez-vous vous tourner vers d'autres personnes, des personnes qui comptent et qui vous offrent l'amour dont vous avez besoin.

Vous pouvez avoir tout l'or du monde, si vous êtes malheureux et seul, cela ne sert à rien.

Avoir des milliards d'euros ne me fait pas envie si je ne peux pas voir ma famille. Je passe beaucoup de temps avec mes parents, ma sœur et mes amis proches, même si j'ai plus de 30 ans maintenant.

Parmi tous mes amis, je suis celui qui passe le plus de temps avec sa famille. Évidemment, j'ai un emploi du temps plus flexible que ceux qui ne sont pas entrepreneurs, mais j'adore passer du temps avec ma famille.

Si vous avez une mésentente avec certains de proches, cela vaut la peine d'investir et de rétablir la situation si nécessaire, d'avoir une conversation, de vous déplacer... parce que quand votre jour viendra ou que cette personne ne sera plus là, vos regrets seront éternels.

Ne laissez pas un petit problème de communication ou même un tort, brouiller une relation qui vous a été chère.

Si vous voulez la rétablir, n'attendez pas que l'autre vienne vers vous. Pour renouer le contact, soyez proactif et allez rencontrer cette personne.

Parfois, il est nécessaire de mettre son ego de côté, même si vous n'avez pas commis de faute directe.

La réalité est que certaines personnes dans votre vie ne vous comprendront pas. Si vous êtes entrepreneur, vous serez peut-être entouré par des personnes qui ne vous soutiennent pas particulièrement et cette situation peut être difficile.

Dans ce cas, donnez-leur de l'amour mais concentrez-vous sur vos projets, sans forcément leur parler de tout ce que vous faites. Une fois que vous aurez réussi, vous pourrez ensuite partager vos succès avec elles.

Généralement, la famille et les proches nous dissuadent de faire des choses non pas par méchanceté ou par aigreur, mais simplement parce qu'ils veulent notre bien. Mais leurs propos ou leur manque de soutien peut rendre la situation difficile.

Apprenez donc à faire la part des choses : passez du temps avec votre famille et vos proches, mais ne partagez pas forcément tout ce que vous faites dans votre entreprise ou votre projet.

Un jour viendra où ils seront peut-être plus ouverts à l'idée de converser et de comprendre vos activités.

Le troisième élément important est l'argent.

En tant qu'entrepreneur, cela peut paraître paradoxal de mettre l'accent sur la santé et sur les relations familiales avant l'argent, mais c'est ma réalité. C'est comme cela que je fonctionne.

Si je me sens en mauvaise santé, si je suis malade ou blessé, la conséquence sur mon état d'esprit est directe. Je suis plus irrité et irritable et je n'arrive pas à donner autant d'amour.

C'est pour cela que je soigne ma santé, cela me permet d'être bien avec les personnes qui comptent.

Et quand une relation n'est plus ce qu'elle était, cela draine également mon énergie. Si vous voulez être très productif dans votre affaire, être en bonne santé et soigner vos relations sont deux clés à ne pas négliger.

L'argent est évidemment lui aussi important. Il vous permet d'obtenir liberté et indépendance tout en aidant les personnes que vous aimez.

Si vous pensez que l'argent est quelque chose de mauvais, vous avez un problème quant à sa perception. L'argent n'est ni bon, ni mauvais. L'argent est ce que vous en faites.

Vous pouvez l'utiliser pour aider des personnes dans le besoin, votre famille, soutenir des œuvres caritatives et faire beaucoup de bien autour de vous.

Si certaines personnes de votre entourage ont un blocage psychologique avec l'argent, c'est qu'elles n'ont pas encore fait le tour de la question.

J'entends souvent que pour devenir riche, il faut abuser de personnes et faire du mal, que les riches sont des personnes malheureuses.

La réalité est que tout est faux dans ce mythe. Mes amis entrepreneurs qui génèrent entre cent mille et cent millions d'euros par année sont les personnes les plus heureuses que je connaisse !

Ils sont évidemment motivés par le développement de leurs activités, mais le revenu est simplement un moyen de mesurer le succès d'une affaire.

Personnellement, je ne suis pas attaché à l'argent pour le fait d'en gagner. J'aime apporter ma contribution au monde et donner de la valeur aux personnes autour de moi, à celles qui en ont besoin.

Et même si je ne partage pas beaucoup sur les réseaux sociaux à propos de cela, parce que je ne veux pas que les gens pensent que je souhaite gagner leur amitié ou leur respect par ce moyen, c'est quelque chose que je fais au quotidien.

Chaque semaine, j'aide entre trois et cinq sans-abris. Je leur achète de la nourriture, qui me coûte seulement quelques euros. Mais, pour eux, c'est un véritable repas.

Je paie parfois des nuits d'hôtels à des SDF même si je sais que je ne reverrai jamais, qu'ils n'ont rien à « m'apporter ». Mais je le fais parce que je peux le faire ; je suis conscient de la chance que j'aie dans ma situation et ma vie.

Voilà donc l'ordre de priorité dans lequel j'opère : la santé, la famille et enfin, le développement financier et celui de mes affaires et entreprises.

Pensez à l'ordre sur lequel vous basez votre quotidien et mettez la priorité sur ces trois éléments. Vous observerez rapidement de positifs résultats.

En passant plus de temps sur ces trois volets, vos relations, votre santé et votre situation financière s'amélioreront à coup sûr.

Si les petites choses vous déçoivent, vous n'avez pas assez de choses en cours.
Matthias Mazur

14

COMPRENDRE SON EGO

Dans ce chapitre, j'aimerais couvrir l'importance de comprendre et de s'accorder avec ses objectifs et son ego.

Quelle que soit votre activité, il y a une clé qui vous servira toujours. Elle est malheureusement très peu couverte dans les livres de développement personnel. Il s'agit de l'importance d'être en accord avec vos objectifs et vos motivations profondes et personnelles.

Je m'explique : quand vous démarrez une nouvelle carrière d'entrepreneur ou même académique, vous êtes généralement motivé par une raison profonde.

Parfois, vous ne la connaissez pas parce qu'elle est motivée par votre ego, par des craintes, des peurs, des rêves et différents éléments dont vous n'avez pas encore pris conscience.

Quand je donne une téléconférence ou un séminaire, l'une des premières questions que je pose à mes auditeurs est la raison pour laquelle ils sont ici, pourquoi ils suivent cette téléconférence.

Chaque fois que je pose cette question, quand les thèmes de la conférence concernent l'entrepreneuriat, le marketing, le business, la publicité, la monétisation, le développement d'activité et autre, je reçois généralement toujours les mêmes réponses.

Certains disent vouloir « augmenter leur chiffre d'affaire », « booster leur nombre de clients », leur visibilité, ou certains sont là « par curiosité » ou « pour convertir plus de prospects en clients »... et ainsi de suite.

Toutes ces raisons sont valables. Valables, mais superficielles. Elles ne montrent que le haut de l'iceberg, la surface.

J'explique ensuite la nécessité d'entrer en profondeur dans la motivation en demandant aux entrepreneurs ce qui les motive vraiment, réellement.

Car le fait d'attirer des prospects est essentiel... mais à quoi cela sert-il finalement? En quoi cela va-t-il augmenter une qualité de vie, vous rapprocher des objectifs fixés ?

Convertir des prospects en clients, augmenter votre chiffre d'affaires, ce sont des réponses correctes et propres à chacun, mais cela reste superficiel.

Quand j'entends ces réponses superficielles, je repose ensuite la question en leur demandant la vraie raison pour laquelle ils souhaitent atteindre ces objectifs.

En règle générale, c'est à ce moment-là que j'entends les vraies réponses, des réponses très personnelles parfois et qui sont souvent guidées par le for intérieur, par l'ego, par les rêves, les désirs ou les craintes.

J'entends alors des réponses telles qu'offrir « une meilleure qualité de vie » à sa famille, « pouvoir payer des vacances à ses proches » ou encore « être fier de l'accomplissement d'une activité ». Il peut aussi s'agir de « prouver sa réussite aux autres » ou encore « ne plus avoir à compter l'argent à la fin du mois »...

C'est ici que l'on arrive au cœur du « pourquoi », de la vraie raison. Quelle que soit l'activité que vous démarrez, vous devez être clair par rapport au « pourquoi », celui qui vous motive.

Pour certains, c'est l'argent. Pour d'autres, c'est le succès. Pour d'autre, c'est la reconnaissance ou la générosité. Pour d'autres encore, il s'agit de prouver qu'ils ont réussi. Pour d'autres, c'est le dépassement de soi. Pour d'autres, c'est simplement pour que leurs parents ou leurs enfants soient fiers d'eux. Toutes les raisons se valent.

Malheureusement, peu de personnes savent déceler leurs motivations profondes car elles ne comprennent pas leur ego.

Vous ne devez pas éviter votre ego ou essayer de vous voiler la face. Il faut, au contraire, comprendre comment vous fonctionnez et ce qui vous pousse à agir.

Peut-être une mauvaise relation que vous n'avez pas encore gérée, une déception qui se répète dans les différents scénarios de votre vie, votre relation avec l'argent, etc...

Les personnes qui réussissent le mieux sont celles qui se comprennent le mieux, celles qui sont parfaitement honnêtes avec elles-mêmes et qui n'essaient pas de se voiler la face, de cacher la réalité de leur ego et de leurs motivations profondes.

Il n'y a aucune honte à être motivé uniquement par l'argent. D'autres sont motivés par le fait d'offrir une meilleure qualité de vie à leur famille. Chacun a une motivation différente.

Se voiler la face en essayant de se convaincre de vouloir aider les autres, alors que la motivation est purement matérialiste, provoque une déconnexion.

Il est beaucoup plus productif pour vous d'être clair quant à votre motivation, même si celle-ci n'est pas bien « perçue » par la société.

J'ai certains amis qui sont uniquement motivés par les choses matérialistes, par l'ego et par le fait d'écraser les autres. Ils sont très clairs par rapport à ces éléments et ils réussissent très bien. Ils n'ont pas beaucoup d'amis, mais au moins ils sont en accord avec eux-mêmes. Ce n'est pas quelque chose que je recommande, mais au moins ils sont au clair avec leur ego.

D'autres personnes réussissent très bien en étant motivées par le fait de gagner beaucoup d'argent pour aider des œuvres caritatives ou pour aider leurs proches.

Dans tous les cas, il est vraiment important d'être conscient, de faire une recherche interne, pour déceler ce qui vous motive profondément.

En ce qui me concerne, par exemple, j'aime l'action. J'ai toujours été motivé par la création, l'action et le fait d'être différent, tout simplement.

Je ne me suis jamais voilé la face en essayant d'entrer dans le moule de la société. J'ai toujours été différent. Je serai toujours différent.

Mes ambitions sont extrêmement élevées. J'aimerais pouvoir gagner un Oscar une fois dans ma vie. J'aimerais acheter une équipe de hockey sur glace un jour, avoir ma propre équipe. J'aimerais pouvoir arriver au plus haut niveau de mon potentiel.

C'est pour cela que je travaille, que j'apprends, que je m'investis et que je bouge autant. Certains voient mon attitude et mes actions comme de la mégalomanie. Soit.

Mais je n'ai aucun problème à partager publiquement mes rêves. Je suis donc très clair concernant mes motivations.

Ce qui me motive, c'est de pouvoir partager les leçons que j'ai apprises dès mon plus jeune âge. Vous l'avez bien compris, l'expérience n'a rien à voir avec l'âge.

Certains jeunes de 15 ans ont plus d'expérience que des personnes de 75 ans. Leur esprit fonctionne tout simplement différemment. La maturité n'a rien à voir avec le nombre d'années vécues.

En conclusion, vous devez être clair quant à vos motivations profondes. Cette clarté acquise, il sera beaucoup plus facile de créer et de mettre en place les actions, les relations et les activités pour atteindre vos objectifs.

Si vous n'acceptez pas la manière dont vous fonctionnez, votre ego, vos craintes, vos peurs, vos motivations, votre égoïsme, vous naviguerez dans la vie sans réellement savoir ce qui vous guide.

Commencez par faire un audit de vous-même, pour vous comprendre et pour vous aligner sur vos motivations.

Plus vous serez aligné, plus vous attirerez de personnes qui comprendront votre alignement. Mais ne vous leurrez pas, cela ne sera pas le cas pour une grande partie de la société !

Partie II :

L'APPRENTISSAGE

Pour grandir, vous devez comprendre parfaitement votre ego.
Matthias Mazur

15

ÉTUDIER LA RÉUSSITE DES AUTRES

Dans ce chapitre, nous allons couvrir un concept qui me tient particulièrement à cœur. Il s'agit du fait de continuellement apprendre, se former, se cultiver et étudier les gens qui ont réussi. Non seulement les personnes qui ont excellé dans le domaine dans lequel vous voulez réussir, mais également dans différents thèmes et industries. Je passe beaucoup de temps à lire et à étudier différents thèmes, personnes et époques.

Le milliardaire Warren Buffett est absolument fascinant. Il s'est constitué l'une des plus grosses fortunes de l'histoire et pèse aujourd'hui entre cinquante et cent milliards d'euros.

Il a commencé avec une petite boîte d'investissement dans les années soixante et il est resté très concentré sur le développement de son affaire pendant plusieurs décennies.

Mais ce qui me fascine le plus dans ses actions, c'est la manière dont il gère son temps et ses différentes activités. C'est donc le thème choisi pour ce chapitre.

L'une des choses que Warren Buffett met beaucoup en avant, c'est l'importance de bien gérer son temps et son énergie.

Une grande chaîne de télévision anglaise lui a demandé la possibilité de passer un jour entier à ses côtés pour pouvoir l'interviewer. Mais Warren Buffett a décliné cette interview et a refusé de donner toute une journée de son temps à la chaîne.

Il leur a répondu: « je peux vous allouer environ une heure et demie de mon temps. Pourquoi ? Parce qu'il me reste mathématiquement quatre mille jours à vivre ». Il faut savoir que Warren Buffett a environ 88 ans.

Il a donc expliqué la chose suivante : « étant donné qu'il me reste environ quatre mille jours à vivre, ce qui représente à peu près dix à douze ans de vie, je dois être très minutieux avec les activités auxquelles j'alloue mon temps. Si j'accorde un jour entier à cette interview, il ne me restera plus que trois mille neuf cent quatre-vingt-dix-neuf jours pour vivre ma vie, voilà pourquoi je ne peux vous donner qu'une heure et demie ».

J'ai trouvé cette réponse fascinante et elle m'a donné matière à réflexion. On peut apprendre énormément des personnes qui ont réussi dans différents domaines, et ce, même sans être dans le domaine financier ou dans celui de l'entrepreneuriat.

Cette petite leçon est brillante et il y a beaucoup de choses à en tirer. Elle montre l'importance, que quelqu'un qui a très bien réussi dans son secteur, attache à son temps quotidien mais aussi au temps qui lui reste sur cette terre.

Et il y a malheureusement beaucoup d'entrepreneurs ou de personnes qui ne s'y attardent pas assez.

Souvenez-vous : à partir du moment où l'on naît, le compte à rebours est lancé. C'est-à-dire qu'il ne vous reste aujourd'hui, qu'un nombre limité d'heures, de jours, de semaines, de mois et d'années.

Vous pouvez mourir ce soir, demain matin ou dans cinquante ans. Personne ne sait, et c'est la beauté de ce jeu qu'est la vie. Mais vous pouvez contrôler une chose, la façon dont vous « dépensez » votre temps.

Demandez-vous aujourd'hui si vous passez votre temps de manière judicieuse, si vous faites les choses que vous voulez faire dans votre vie ou non, si vous côtoyez des gens que vous aimez...

Demandez-vous, s'il vous restait un nombre limité de jours et si vous le saviez, comment vous planifieriez votre temps, quelles activités vous supprimeriez et quelles activités vous garderiez.

Depuis que j'ai entendu cette réponse de Warren Buffett, c'est une réflexion que je mène au quotidien en me demandant si une activité, un voyage, une rencontre vaut vraiment la peine ?

Parfois il est préférable de refuser certaines offres ou invitations. J'en refuse beaucoup plus que je n'en accepte. Parfois, il est bien de décliner pour avoir le temps de vivre des moments avec les personnes que vous aimez.

C'est pour cela que comprendre comment vous fonctionnez est primordial, comprendre ce qui vous rend vraiment heureux.

Si vous aimez passer du temps avec votre famille, vos proches, vous devez dire « non » à certaines activités pour pouvoir dire « oui » à d'autres.

Si vous lisez ces lignes, c'est que le compte à rebours est en marche. Il ne vous reste qu'un nombre de jours limité sur cette terre.

Le fait de faire un audit de soi-même pour comprendre son propre fonctionnement, permet de clarifier sa vie, de commencer à mettre la priorité sur les activités plaisantes et qui rendent heureux.

Souvenez-vous : votre temps est limité, le compte à rebours est lancé. A la fin de votre vie, si vous avez le temps et l'opportunité de réfléchir à ce que vous avez fait, seriez-vous content de la manière dont vous avez utilisé votre temps ou est-ce que vous seriez déçu de ne pas avoir vu davantage telle ou telle personne ou en faisant telle ou telle activité.

Cette petite réflexion est valable autant pour les relations humaines que pour l'aspect professionnel.

S'il y a des activités qui vous prennent actuellement beaucoup de temps, tel qu'un emploi, qui ne vous plaît pas ou qui ne vous satisfait pas pleinement, peut-être le moment est-il venu de trouver quelque chose d'autre, de réduire le temps que vous allouez à votre profession pour le passer à une activité qui, aujourd'hui, vous plaît davantage.

Ça peut être la peinture, la chanson, le cinéma, le sport, du temps en famille, rester à la maison avec les personnes qui vous sont chères. Qu'importe, vivez !

Pensez à ce concept du compte à rebours qui défile et demandez-vous si vous êtes content de la manière dont vous allouez votre temps actuellement.

Entourez-vous de gens qui vous inspirent.
Matthias Mazur
FOCUS.
Closer Certifié
MATTHIAS MAZUR

16

CE QUE JE PENSE DES DIPLÔMES

Dans ce chapitre, je vais partager ce que je pense des diplômes et des certifications.

Donnons un contexte à mes propos ; j'ai toujours estimé que la société telle qu'on la connaît - mais aussi les choses qu'elle essaie de nous faire croire et les idées fixes qu'elle tente de nous imposer depuis notre jeunesse sont incorrectes.

La preuve? La grande majorité des personnes ne sont pas heureuses, ne gagnent pas l'argent et ne sont pas au stade de revenus qu'elles veulent. Elles sont insatisfaites de leur situation actuelle. Elles sont en mauvaise santé. En plus de cela, une grande partie des entreprises ne fleurissent pas.

Cela signifie donc que la majorité a toujours tort. J'ai toujours été un peu rebelle dans ma manière de penser. De nombreuses personnes ne sont donc pas du tout d'accord avec moi. Mais cela m'est égal, car j'ai atteint des résultats que beaucoup n'atteindront pas.

Les personnes qui utilisent des concepts un peu différents de ceux que la société moyenne veut nous donner en exemple, ont également atteint de bien meilleurs résultats que celles qui « suivent simplement le système ».

Concernant les diplômes et les certifications : depuis tout petit, j'adore apprendre. J'adore apprendre, lire, rencontrer de nouvelles personnes, apprendre de nouvelles choses, de nouvelles langues, visiter de nouveaux endroits mais je n'ai jamais vu la valeur d'une dite « éducation traditionnelle ».

Qu'est-ce que j'entends par là ? J'entends par là que le système éducatif normal à savoir : aller à l'école, au collège, au lycée et ensuite à l'université pour avoir un diplôme et trouver un job, est un format d'éducation qui ne fonctionne pas.

On le voit car il y a énormément de personnes qui terminent avec des diplômes et qui ne sont pas du tout compétentes pour faire les choses pour lesquelles elles sont pourtant diplômées.

Cela montre un dysfonctionnement total dans le système éducatif actuel. C'est pour cela que je n'ai jamais vraiment cru en ce dernier, même si j'ai toujours été un fervent croyant en la nécessité d'apprendre.

Je lis un minimum de cent à deux cents livres par année. Je regarde des dizaines de documentaires. J'adore passer du temps à rencontrer de nouvelles personnes et à apprendre.

Je pense que la société nous pousse à dire : « étudiez pendant les vingt-cinq premières années de votre vie et puis ensuite, c'est fait. Une fois que vous avez votre diplôme, vous n'avez plus besoin de faire quoi que ce soit, vous avez juste besoin de travailler ». C'est complètement faux.

Les personnes qui ont le plus réussi dans leur vie, que ce soit dans le domaine artistique, politique, sportif ou dans l'entrepreneuriat, sont toutes des personnes qui étudient constamment.

Les meilleurs athlètes au monde sont ceux qui sont bien entourés, de coachs, de nutritionnistes, de formateurs, ceux qui sont constamment en recherche de perfectionnement et d'amélioration.

Donc, si les athlètes professionnels ont toujours cette soif d'apprendre et de se développer, pourquoi est-ce que la grande majorité des gens n'accepte pas ou ne veut pas apprendre davantage ?

Je suis donc un fervent croyant de la nécessité d'apprendre et de continuer toute sa vie à perfectionner ses compétences et à maîtriser ce que l'on fait.

Le grand problème est que le système éducatif actuel récompense les gens avec des diplômes en disant qu'une fois obtenus, vous êtes certifié, professionnalisé et vous pouvez pratiquer votre tâche.

Je n'ai jamais cru aux diplômes, jamais. Évidemment, si vous voulez être médecin ou avocat, si vous voulez pratiquer des disciplines qui nécessitent une formation poussée, vous devez passer par l'université ou par certaines écoles.

Mais il y a des écoles de business, des hautes écoles de commerce qui donnent des diplômes à des personnes simplement pour avoir suivi des cours. À la fin de deux, trois, quatre ou cinq ans, ces personnes sont sur papier « qualifiées » dans telle ou telle discipline alors qu'elles n'ont pas mis un pied dans le monde réel. Elles n'ont aucune idée de la pratique.

Concrètement, j'ai beaucoup d'amis qui ont fini des hautes écoles de commerce, des écoles très réputées. Ils sont devenus de formidables théoriciens ; ils savent calculer et faire plein de choses théoriques. Mais si vous les mettez pendant une semaine à la tête d'une entreprise qui tourne ou si vous leur demandez de créer un projet et de commencer à vendre des produits ou des services, ils ne sauront pas quoi faire.

Personnellement, c'est pour cela que je trouve que le monde de l'éducation, le monde de l'apprentissage est complètement inadapté au monde réel.

Si vous voulez être entrepreneur, vous devez entreprendre. Si vous voulez être sportif, vous devez pratiquer votre sport et si vous voulez être artiste, vous devez exercer votre art.

Vous pouvez lire des livres et des livres, mais si vous ne faites rien, vous n'allez jamais apprendre (et comprendre) le terrain. Dans le monde du business, il n'y a que ça qui compte.

La seule chose qui compte dans le monde du business est la capacité à vendre un produit ou un service. Vous pouvez exceller en théorie, mais si vous ne savez pas vendre, vous ne réussirez jamais dans les affaires.

Quelle que soit votre activité, que vous soyez dans les services financiers, que vous soyez prestataire de services, que vous vendiez des tasses, des arbres, des voyages ou bien des produits de beauté, vous pouvez avoir un mur rempli de diplômes et de certifications, si vous ne savez pas vendre dans le monde réel, si vous ne savez pas positionner et commercialiser un produit, faire du marketing, attirer des prospects et convertir des prospects en clients, vous n'arriverez jamais à rien dans le monde du business.

C'est aussi simple que ça. Avoir des diplômes peut être utile évidemment et même indispensable si vous voulez être neurochirurgien, médecin ou pratiquer une activité qui nécessite une formation, dans le domaine juridique par exemple. Mais si vous arrêtez de vous perfectionner et d'apprendre, vous serez dépassé par la concurrence à coup sûr.

Si les médecins n'étaient pas constamment intéressés par la découverte de nouvelles méthodes de soin, de nouveaux traitements et qu'ils opéraient encore comme on le faisait dans les années 1990, alors à quoi serviraient-ils ? Avoir un diplôme peut être « sympathique », peut satisfaire votre ego et impressionner votre entourage, mais si vous voulez réussir dans le monde réel, vous devez faire quelque chose dans ce dernier.

Ne vous satisfaites pas d'avoir un, deux, voire dix diplômes qui, finalement, ne vous apportent rien de concret.

C'est pour cela que j'adore les pays anglophones et anglo-saxons. Les diplômes y ont beaucoup moins d'importance que l'expérience.

L'Europe, et surtout la vieille Europe, attache beaucoup trop d'importance aux écoles, aux certifications, aux universités. Le monde anglo-saxon est beaucoup plus porté sur la pratique. Quand j'ai vécu à Los Angeles pendant deux ans entre 2008 et 2010, on ne m'a pas demandé une seule fois si j'avais terminé une école de commerce. On ne m'a jamais demandé ce qui me « qualifie » pour diriger des entreprises.

En Europe, c'est une des premières questions qu'on vous pose. « Quelle école as-tu fréquenté ? » Aucune, je n'ai jamais terminé. J'ai arrêté l'université après 3 mois, parce que je m'endormais et que c'était ennuyeux à mourir.

Ce qui me « qualifie » pour être entrepreneur? Mes actions et mes résultats. Je ne médite pas l'entrepreneuriat, je ne le rêve pas. Je le PRATIQUE chaque jour, dans le monde « réel », depuis plus de 10 ans. Voilà ce qui me « qualifie ».

C'est pour cela que j'aime le monde anglo-saxon, parce que l'importance va vers le concret, vers la vie réelle. Si vous savez vendre, vous aurez beaucoup plus de chance de réussir qu'un autre entrepreneur qui a vingt-cinq diplômes d'écoles très renommées, mais qui n'a jamais rien vendu dans sa vie.

Voilà ce que je pense des diplômes et des certifications. S'ils sont indispensables dans votre marché, possédez-les, mais continuez toujours à vous perfectionner.

S'ils ne sont pas indispensables, demandez-vous vraiment si vous en avez besoin. Si ce n'est pas le cas, ne le faites pas. Ne passez pas deux, trois, quatre ou cinq ans de votre vie à étudier quelque chose qui ne vous intéresse pas ou qui n'a pas un impact direct sur ce que vous voulez faire, simplement pour le fait d'avoir un bout de papier sur un mur.

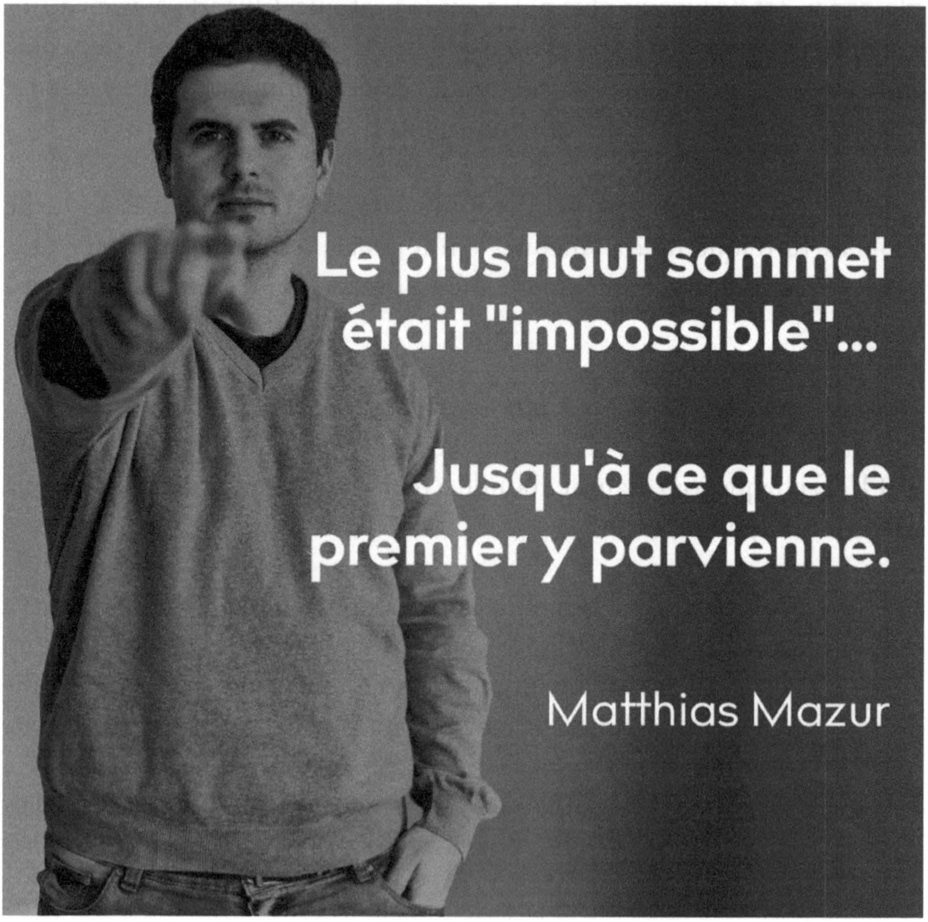
Le plus haut sommet
était "impossible"...
Jusqu'à ce que le
premier y parvienne.
Matthias Mazur

17

ÉTUDIANT À VIE

Dans ce chapitre, j'aimerais couvrir un principe, celui de l'importance d'étudier et d'apprendre tout au long de sa vie. J'ai grandi dans une famille qui adorait l'apprentissage, la découverte, les nouvelles aventures et expériences. J'ai donc compris très tôt l'importance d'apprendre.

Mon père a exercé comme enseignant pendant plus de trente ans. Ma mère était juriste et directrice pendant plus de vingt ans. J'ai grandi parmi les livres et les documentaires.

Plutôt que de m'imposer des choses ou d'adopter un système de punition ou de menace, mes parents utilisaient la récompense pour me pousser et me motiver à apprendre.

Quand j'étais petit, ils achetaient et commandaient des dizaines de livres par mois en anglais que je pouvais choisir ; certains livres étaient des livres de géographie, d'histoire, des biographies ou des livres sur la nature.

Et à chaque livre que je finissais, quand je leur présentais une description et un résumé de l'ouvrage, ils me donnaient un petit montant, un à deux francs suisses (environ un à deux euros). Ils me motivaient ainsi à apprendre davantage.

Je me rappelle aussi qu'ils commandaient des documentaires sur cassette vidéo. À chaque fois que je regardais un documentaire et que je résumais ce que j'avais appris, ils me donnaient également un ou deux euros.

Cela me donnait cette soif du savoir que j'ai conservé aujourd'hui. Pour preuve, je lis entre dix et vingt livres par mois et je regarde facilement entre cinquante et cent documentaires par année.

J'adore rencontrer de nouvelles personnes, aller à des conférences et faire des rencontres qui n'ont parfois rien à voir avec ce que je fais, à savoir l'entrepreneuriat, le business ou le cinéma. Ces thèmes tous plus différents les uns que les autres me permettent d'apprendre et de découvrir au quotidien.

Je pense qu'il est indispensable de rester étudiant toute sa vie ; quel que soit votre âge, vos compétences et ce que vous faites, vous pouvez toujours devenir meilleur et plus compétent, apprendre et savoir plus.

Le milliardaire Warren Buffett a dit « plus vous apprenez, plus vous gagnez ». C'est une citation d'une précision et d'une exactitude remarquables.

Dans son propre cas, il passe deux à trois heures par jour, le matin, assis à son bureau, à lire les nouvelles de différents pays, à se tenir au courant de ce qu'il se passe. Une action quotidienne qui lui permet d'étendre son savoir et d'élargir ses compétences. Il dit lire entre 500 et 1 000 pages par jour.

Chaque personne qui a réussi a cette soif du savoir, cette soif de devenir meilleur, de découvrir de nouvelles choses, de devenir un maître de ce qu'elle fait et d'améliorer ses compétences.

Si vous n'avez pas les compétences ou si vous ne les améliorez pas au fur et à mesure, à un moment donné, vous serez dépassé par la nouvelle technologie, par vos concurrents, par d'autres personnes plus motivées ou par les jeunes qui apprennent et se forment davantage.

Il est donc absolument indispensable de toujours conserver votre envie d'apprendre.

Et si vous n'aimez pas lire, il y a tellement d'autres moyens de se cultiver

: en regardant des documentaires par exemple, en écoutant des livres en format audio, en s'abonnant à des chaînes de Podcasts, en étant entouré de mentors ou de coachs, en allant à des séminaires ou à des conférences.

À notre époque, apprendre est quelque chose de vraiment agréable. Nous n'avons pas besoin de rester dans une salle de classe, face à un tableau noir.

Regardez les options mises à votre disposition, devenez maître de ce que vous faites, gardez comme objectif de vous former en permanence et d'apprendre toujours plus.

Personnellement, je m'impose une lecture quotidienne de trente minutes. Que je sois à la maison, en déplacement ou en famille, je ne déroge pas à ma demi-heure de lecture quotidienne.

Ce n'est pas beaucoup, mais souvent, les trente minutes deviennent une heure parce que j'adore apprendre et que je suis généralement absorbé par ce que je lis. Les thèmes de mes lectures sont très variés, du business au marketing en passant par le cinéma.

Mettez-vous comme objectif d'apprendre au maximum et d'élargir vos compétences. Pour cela, fixez-vous une plage horaire quotidienne, ou au moins deux à trois fois par semaine, pour lire, regarder un documentaire ou rencontrer une personne intéressante.

Ainsi, vous serez toujours au courant des nouveautés de votre marché, de votre industrie et vous ne serez jamais dépassé par la concurrence.

Si vous ne vous formez pas maintenant, d'autres le feront et vous dépasseront.

Quel que soit votre âge, votre niveau de réussite et vos compétences, gardez cet esprit étudiant pour constamment améliorer vos compétences et connaissances. L'apprentissage ne s'arrête jamais.

Partie III :

LE MARCHÉ

Le bosseur bat le talentueux quand le talentueux ne bosse pas assez.
Matthias Mazur

18

ÉCOUTER TOUT LE MONDE MAIS N'ÉCOUTER PERSONNE

Dans ce chapitre, j'aimerais couvrir un paradoxe que tout entrepreneur ou créateur rencontre, celui d'« écouter tout le monde mais de n'écouter personne ».

Quand vous démarrez un projet quel qu'il soit, il y a toujours deux types de personnes sur votre chemin, quand elles apprennent que vous êtes en route pour un projet qui vous plaît.

Il y a celles qui vont croire en vous, qui vont vous soutenir et qui auront une influence positive. Mais il y a celles qui vont vous lancer des piques, remettre en question vos objectifs et qui seront là dès que vous ferez un faux pas ou que quelque chose n'ira pas. Elles vont vous le rappeler ou questionneront vos choix.

C'est inévitable. Le monde est composé de ces deux types de personnes : les croyants et les non-croyants, les sceptiques et les personnes positives, les cyniques et les personnes qui vous encouragent. On ne peut rien y faire : elles seront toujours là.

Ce que l'on peut faire par contre, c'est modifier notre approche et notre interprétation de ces deux types de personnes, voir comment interpréter les choses et comment agir quand quelqu'un nous envoie ce genre de messages.

Je parle toujours du paradoxe de l'entrepreneur. Il y a beaucoup de paradoxes quand on est entrepreneur ou quand on créé quelque chose ; que ce soit une carrière sportive, académique ou encore musicale.

Il y a tout d'abord ce concept d'« écouter tout le monde », c'est-à-dire de comprendre le marché.

Si vous êtes entrepreneur, vous devez savoir ce qu'il se passe sur le marché, ce qu'il veut, vous devez écouter les avis et être à l'écoute de ce que disent vos prospects et vos clients pour comprendre ce qu'ils désirent.

Si vous n'écoutez pas ce que souhaite le marché, il vous sera très difficile de créer quelque chose qui se vende.

Il est très important d'être à l'écoute de ce qu'il se passe sur le marché parce que sans cela, vous vous retrouverez peut-être à travailler pendant des mois ou des années sur un projet ou un produit qui existe déjà ou pour lequel le marché n'a aucun intérêt.

Si vous créez un produit les yeux fermés, en pensant que vous êtes le premier à le faire alors qu'il y a déjà trois autres personnes sur le coup, des concurrents qui ont sorti leur produit, leur service et qui ont déjà leur marketing en place et occupent une part de marché, c'est une perte de temps. Vous vous retrouverez rapidement avec beaucoup d'argent dépensé, des pertes, très peu de retours et éloigné de vos objectifs. Ou alors, vous devrez avoir un marketing super percutant qui différencie votre offre de la concurrence.

La première chose à comprendre est cette nécessité d'être vraiment à l'écoute de tout ce qu'il se passe.

Dans tous les marchés sur lesquels je suis actif, je suis vraiment à l'écoute de ce qu'il se passe. Je sais ce qu'il s'y déroule globalement, ce que les autres font et les prix qu'ils pratiquent. Mais ça ne veut aucunement dire que j'adapte nos prix par rapport aux leurs.

Je suis très souvent client de leurs affaires sans même qu'ils ne le sachent. J'achète leur produit sous des noms d'emprunt, je fais acheter leur produit par d'autres personnes pour qu'ils n'en aient pas connaissance. Je fais des recherches et j'analyse tout ce qu'ils font.

Si vous voulez maîtriser quelque chose et être le meilleur, vous devez tout savoir.

Les plus grands athlètes au monde connaissent tout de leur sport : le meilleur matériel, les dimensions exactes du terrain, l'effet qu'a la météo sur leurs performances, les aliments qui leur donnent le plus d'énergie, ce qu'ils doivent manger ou boire avant un match pour se sentir bien... Ce sont de véritables scientifiques et des experts de leur discipline.

Plus vous en savez, plus vous aurez de données avec lesquelles vous pourrez interagir, prendre des décisions, développer votre projet et atteindre vos objectifs.

A contrario, il est également essentiel de mettre des œillères et de n'écouter personne d'autre que vous-même.

Si vous avez quelque chose en quoi vous croyez, un produit ou un service que vous voulez développer ou que vous développez ou vendez actuellement, il est très important de mettre des œillères par rapport à ce que vous faites. Vous devrez croire dur comme fer en ce que vous créez, ce que vous vendez ou en la carrière que vous visez pour ne pas laisser le doute planer. Ne laissez pas les énergies négatives, les cyniques, les sceptiques et les opinions de personnes mal informées affecter vos actions et créations.

Il y a donc cette nécessité de fermer les yeux, de mettre des œillères, d'être clair sur votre objectif, de comprendre que l'opinion de quelqu'un par rapport à la viabilité ou au succès d'une affaire, n'est qu'une opinion.

N'importe quel projet, entreprise ou produit lancé dans l'histoire des entreprises, n'importe quelle carrière démarrée dans le sport a toujours été source de débats, de critiques et d'encouragements en même temps.

Il y a des gens qui croyaient au succès de Roger Federer et d'autres qui n'envisageaient même pas qu'il deviendrait la légende du tennis que l'on connaît.

Certaines personnes pensaient que d'autres athlètes ne perceraient jamais alors qu'ils se sont retrouvés parmi les meilleurs mondiaux. Donc pour résumer, l'opinion des autres n'est qu'une opinion.

En tant qu'entrepreneur ou créateur, il est très important d'être confiant dans ce que vous faites et de fermer les yeux sur ce qui se dit vous concernant. Mais il faut aussi rester parfaitement au courant de ce qu'il se passe globalement dans votre marché, de ce que font vos concurrents, pour savoir si vous allez dans la bonne direction.

Ce paradoxe d'« écouter tout le monde et de n'écouter personne » est un concept qu'il faut utiliser au quotidien dans votre business.

Vous pouvez allouer un certain temps chaque jour, dix, quinze, vingt ou trente minutes pour réaliser une veille sur votre marché, vos concurrents et sur ce qui se fait actuellement.

Et d'un autre côté, il est vraiment important de consacrer 80 ou 90% de votre temps à la création de votre activité, à son développement, à la création de l'affaire que vous voulez mener à bien.

À chaque opinion positive, répond une opinion négative. Beaucoup de projets ou d'entreprises qui ont cartonné et exceptionnellement bien réussi sont nés après avoir essuyé le scepticisme de la très grande majorité.

Je donne souvent l'exemple de Walt Disney, créateur de l'empire Disney dans les années vingt ou trente. Il a commencé à dessiner une souris et a dit « je vais dessiner une souris sur papier, je vais en faire quelque chose qui n'existe pas, je vais créer une bande dessinée. Je vais animer cette souris et je vais essayer d'en faire une animation, un film ».

À l'époque, Hollywood produisait des films avec des acteurs muets. Donc voir un personnage dessiné sur papier qui serait animé était absolument ahurissant. Pendant des années, il y a essuyé nombre de refus avant d'être accepté.

Les producteurs disaient « non, cela ne va jamais marcher, il faut nous écouter parce que nous sommes les grands producteurs actuels, nous savons ce que veut le public ».

Mais Walt Disney a cru en son idée et il s'est dit « si je crois en mon idée et si je fais ce que je pense pouvoir vraiment fonctionner, si je donne vie à ces personnages imaginaires, cela peut fonctionner, il peut y avoir un marché mais également beaucoup d'autres choses qui peuvent en découler ».

Dans le même temps, personne n'était positionné sur ce marché. Il s'est donc dit qu'en commençant à créer ces personnages imaginaires, le succès serait certainement au rendez-vous.

Aujourd'hui, l'empire Disney vaut des dizaines de milliards d'Euros. Et comme il le dit : « tout a commencé avec une souris ».

Donc, pensez à ça, à ce concept d'« écouter tout le monde mais de n'écouter personne ».

Cela vous permettra, premièrement, d'être au courant de ce qu'il se passe et deuxièmement, de croire davantage en votre idée, de mettre 90% du temps à disposition de votre idée, du projet que vous voulez développer.

Ce sont ceux qui font du surplace qui vous critiqueront le plus.
Matthias Mazur

19

LE MARCHÉ A TOUJOURS RAISON

Dans ce chapitre, j'aimerais couvrir l'importance de n'écouter personne d'autre que le marché.

C'est un concept vraiment fondamental du monde de l'entrepreneuriat si vous voulez développer une idée ou un projet. Il s'agit de comprendre que personne d'autre que le marché ne dicte votre réussite.

Votre entourage peut avoir une opinion concernant le produit ou le service que vous créez ou que vous livrez actuellement. Il peut vous dire que c'est bien, très bien, mauvais ou nul. Mais la réalité, c'est que le facteur décisif qui va agir avec son porte-monnaie et donc, acheter ou ne pas acheter votre produit ou service, est le marché.

C'est pour cela que quand quelqu'un affirme que telle ou telle idée n'est pas bonne et que le projet ne va pas réussir, cela me fait toujours sourire : qui est cette personne qui ose parler pour le marché ?

L'histoire a démontré des milliers de fois que ces soi-disant « experts » et « pseudo-experts » avaient tort et qu'ils continueront à avoir tort.

Nous avons vu cela avec d'importantes sociétés qui ont mis des dizaines voire des centaines de millions d'euros dans des projets ou produits validés par leur comité de marketing, certain que la réussite était assurée. Et finalement, ces projets ont été un cuisant échec faisant perdre des fortunes considérables à ces mêmes sociétés.

On le voit dans le cinéma où des producteurs ou dirigeants de studios mettent des sommes affolantes, des dizaines de millions ou parfois 150 ou 200 millions de dollars, dans des films qui, d'après les recherches fonctionneront à coup sûr. Pourquoi ? Parce qu'il y a un ou deux gros acteurs en tête d'affiche, parce que le thème est grand public ou qu'il a déjà plu dans le passé. On voit ainsi de grandes franchises de dessins animés portés au grand écran qui ont des budgets de 200 ou 300 millions de dollars et qui finalement, perdent tout car le produit n'a pas plu au marché.

Vous pouvez donc demander les opinions de votre entourage : vos collègues, vos proches, les personnes qui vous soutiennent ou vous critiquent, mais la réalité reste que personne ne sait ce qui marchera ou non.

Les gens n'ont aucune idée de ce qui va fonctionner ou non. À n'importe quel niveau, la donne est identique.

Même à mon niveau et avec mes presque 15 ans d'expérience dans l'entrepreneuriat, il y a des produits et services qu'on lance, dans lesquels j'investis en pensant que cela réussira, qui sont finalement un échec.

Et inversement, il y a beaucoup de projets ou de lancements de produits que je ne pensais pas voir réussir et qui ont très bien marché.

Donc, la réalité est que personne n'en sait rien. Oui, vous pouvez écouter le feedback du marché et les opinions, mais le vrai système de vote d'un marché est son porte-monnaie.

Quelqu'un peut vous dire qu'il aime ou qu'il n'aime pas tel ou tel produit, mais la finalité reste de savoir s'il va ou non dépenser de l'argent pour l'acheter.

Encore une fois, le seul facteur décisif du succès d'une entreprise est le marché.

Je reçois des messages chaque semaine de personnes qui me disent ne pas comprendre pourquoi tel produit fonctionne alors qu'il est mauvais, qui affirment être en désaccord avec ce qu'il se passe sur un marché donné.

Vous pouvez être étonné, en effet, mais vous n'avez rien à dire si un marché aime et vote avec son porte-monnaie, s'il montre financièrement qu'il aime tel ou tel produit ; il n'y a que ça qui compte.

Il y a beaucoup d'industries qui subissent les critiques, à l'image de l'industrie pornographique sur internet.

On essaie d'éviter de parler de ce sujet, car c'est un sujet qui fâche, qui est tabou. Mais les chiffres montrent que c'est l'une des plus grandes industries sur terre, elle rapporte des milliards de dollars chaque année. C'est un fait.

Ne soyez pas victime de votre opinion ou de l'opinion de quelqu'un d'autre. Encore une fois, le seul facteur décisif est le marché.

Si vous créez quelque chose et que le marché y répond positivement, vous avez gagné.

Si vous créez quelque chose et que le marché n'y répond pas, n'y fait pas attention ou ne paie pas, vous avez perdu et devez revoir votre approche.

Il y a deux choses que vous devez rechercher quand vous créez une nouvelle offre, qu'il s'agisse d'un produit physique, d'un service dématérialisé ou d'un logiciel : l'attention du marché ; est-ce que votre idée a attiré son attention ? Si vous avez fait un peu de marketing et que personne ne répond ni positivement ni négativement, c'est que votre idée n'a pas percuté.

Dans ce cas-là, il faut la remodeler, revoir le marketing et repositionner le produit ou l'offre.

Le deuxième élément qui montre l'intérêt d'un marché est l'argent ; est-ce qu'il paie pour ce que vous faites ?

Pour résumer : est-ce que le marché vous accorde son attention et est-ce qu'il vous donne son argent ?

Il y a quelques années, quand des bracelets contribuant soi-disant à l'équilibre et au bien-être sont sortis aux Etats-Unis, tout le monde trouvait ces petits objets en caoutchouc stupides. Mais les chiffres sont sortis et ont finalement révélé plus de cent millions de ventes.

Une nouvelle fois, même si l'opinion trouve un produit ou service stupide, l'important reste de savoir s'il suscitera l'attention.

Méfiez-vous des opinions positives ou négatives et testez votre idée dans des conditions réelles.

Lancez votre projet sur le marché pour voir comment il répond. Au final, il décidera du succès de votre affaire et vous montrera si votre produit ou service mérite d'exister.

Si vous n'arrivez pas à attirer l'attention de votre marché, il faut revoir votre marketing, votre offre, vos prix, le positionnement de votre produit et votre façon de communiquer. Observez ensuite si le marché répond après avoir fait ces petites modifications.

Marketing
Internet
Le marché
décidera si
vous méritez
d'existier.
Matthias Mazur

20

LA MAJORITÉ A TOUJOURS TORT

Dans ce chapitre, j'aimerais couvrir un concept que j'ai eu la chance d'assimiler dès mon plus jeune âge, il s'agit de comprendre que la majorité a toujours tort.

Pourquoi ? Parmi les personnes actives dans tel ou tel domaine, on observe généralement que 5 à 10% (au maximum) réussissent quand 90% ne dépassent pas la moyenne.

Dans n'importe quel secteur, qu'il s'agisse d'un domaine académique, sportif, entrepreneurial, artistique ou encore politique, 90% des personnes actives sont dans la moyenne et obtiennent des résultats moyens voire médiocres.

Cela prouve donc que la majorité a toujours tort.

Si vous souhaitez des résultats différents, meilleurs, si vous voulez être dans les 10% qui réussissent, et parmi ceux-ci, être dans les 1 ou 2% qui excellent, vous devez faire les choses différemment de la masse.

En faisant ce que les autres font dans votre marché, ne soyez pas étonné d'obtenir des résultats similaires à ceux de la grande majorité ; c'est-àdire moyens voire médiocres.

Parfois, les entreprises n'arrivent pas à honorer leurs factures, à payer leurs employés ou leur loyer. La preuve la plus parlante reste que plus de 90% font faillite durant les cinq premières années d'activité.

C'est une statistique très répandue et connue dans le monde de l'entrepreneuriat : 90% des entreprises ne survivent pas plus de cinq ans.

Cela montre, encore une fois, que la majorité a toujours tort. Donc, si vous utilisez les méthodes de marketing, de promotion, d'apprentissage utilisées par la moyenne, n'espérez pas à avoir des résultats extraordinaires.

Pour obtenir des résultats qui surpassent la moyenne, il vous faut adopter une méthode de travail plus intelligente. Comment ? En utilisant des outils qui sortent de l'ordinaire, en appliquant des stratégies de marketing que d'autres marchés refusent d'apprendre et en faisant toujours davantage que les autres.

Ce qui est fantastique à notre époque, c'est qu'il y a tellement d'informations accessibles sur internet, via YouTube par exemple, mais aussi des formations ou des livres, qu'il est aisément possible de faire plus que les autres, d'apprendre de nouvelles choses, d'améliorer ses compétences et de se perfectionner davantage que ses concurrents.

Il s'agit d'apprendre ce que votre marché est trop paresseux pour apprendre ou ce qu'il ne veut pas apprendre. Et ensuite, de le mettre en pratique rapidement.

Regardez ce qu'il se passe dans votre marché, le nombre de personnes qui vendent des produits ou des services et le nombre de personnes qui travaillent dans votre secteur ; cela peut être vos collègues de travail par exemple. Si vous continuez à faire ce que les autres font, à rester dans la moyenne, vos résultats suivront cette même tendance médiocre.

C'est tout à fait logique. Si vous faites ce que la moyenne fait, vous obtiendrez ce que la moyenne obtient.

Si vous suivez ce que le 1 à 2% des personnes qui réussissent extraordinairement bien font, vous pouvez réussir de manière extraordinaire. Vous augmentez vos chances, c'est mathématique.

Cela ne veut pas dire que vous allez automatiquement faire partie du pourcentage d'excellence, mais vous augmentez considérablement vos chances de réussite.

Observez votre entourage, vos amis, vos connaissances, votre cercle de contacts professionnels, vos concurrents et demandez-vous si vous voulez être dans la moyenne, comme eux, ou si vous souhaitez davantage ? Est-ce que vous désirez gagner plus d'argent et offrir plus à votre famille ? Est-ce que vous voulez avoir plus de temps libre ? Est-ce que vous voulez accéder à un niveau supérieur ?

Si la réponse à ces questions est « oui », vous devez penser et agir différemment de la masse.

Vous n'avez pas besoin d'être la personne la plus talentueuse, mais vous devez faire les choses différemment. Et j'ai appliqué ce principe à la lettre dans le monde du business ; tout ce que j'ai appris dans le monde du tennis, je l'ai fait.

Quand j'ai lancé ma première affaire, tout le monde autour de moi, (sauf les personnes très proches comme mes parents, ma famille et un ou deux amis proches) m'a dit que je n'avais ni expérience, ni diplôme, que je n'étais même pas majeur. Tous s'interrogeaient sur ma capacité à réussir dans l'entrepreneuriat.

Je leur ai répondu que les diplômes n'étaient pas nécessaires. Pour preuve, le nombre de personnes diplômées qui n'obtiennent que de médiocres résultats. Je ne voulais pas être comme elles, je voulais être différent.

Et pour me démarquer, j'ai étudié les personnes qui réussissent, j'ai commencé à faire ce que les meilleurs font. Et les résultats ont suivi. J'ai construit une affaire qui réussit, j'ai fait grandir des entreprises, voyagé dans le monde, parlé en conférence et écrit des livres et je vis une vie que j'adore.

Si vous voulez réussir, observez la majorité et détachez-vous de ce qu'elle fait, adoptez un chemin différent. Ne suivez pas la masse.

Ainsi, vous serez déjà remarquable et vous vous positionnerez différemment.

Partie IV :

VOTRE BUSINESS EN PRATIQUE

Laissez-les
parler pendant
que vous grimpez.
Matthias Mazur

21

OPTIMISER SON TEMPS

Dans ce chapitre, j'aimerais couvrir l'importance d'exploiter au maximum chaque seconde mise à notre disposition.

Dans la vie d'entrepreneur, il est facile de se perdre dans les différentes tâches et activités du quotidien. Parce qu'il y a tellement de choses que l'on peut faire, de distractions possibles, qu'il est vraiment important de comprendre la valeur de chaque seconde et d'en faire bon usage.

Quand je m'entraînais avec certains des meilleurs coachs de tennis au monde, on m'a toujours dit qu'il fallait faire bon usage de chaque seconde. Le tennis, comme vous le savez, est un sport extrêmement difficile de par la complexité des techniques à maîtriser pour jouer à haut niveau.

L'une des choses que l'on m'a enseignée très tôt a été l'importance de faire bon usage du temps entre les points quand vous êtes sur le terrain, mais aussi de chaque seconde de repos entre les matchs.

C'est exactement pareil dans l'entrepreneuriat. Sur le terrain de tennis, par exemple, vous avez vingt à trente secondes de repos entre chaque point.

Le joueur qui arrive à gérer son énergie, à gérer ces trente secondes au mieux pour analyser le point qui vient de se dérouler, pour récupérer et pour remettre à jour sa stratégie est généralement celui qui a le plus de chances de gagner.

Et celui qui utilise mal ces quelques secondes entre chaque point se met généralement tout seul dans une spirale négative dont il est très difficile de sortir. Les points vont tellement vite au tennis que vous vous retrouvez rapidement à perdre un enchaînement de points.

J'ai eu la chance d'avoir appris cette leçon très tôt ; il faut vraiment faire en sorte que chaque seconde accordée, non seulement sur le terrain de tennis, mais aussi dans la vie en général, soit utilisée à bon escient.

Analysez votre actuelle gestion du temps, regardez les activités auxquelles vous en allouez et demandez-vous, au cours de la journée, si vous faites bon usage du temps mis à votre disposition.

Évidemment, on peut toujours faire mieux, s'améliorer quel que soit notre niveau de productivité et de revenus. Mais la première chose que je vous conseillerais de faire - et que tout le monde peut faire, que vous soyez débutant ou expérimenté - est de penser à la façon dont vous gérez votre temps et à celle dont vous « dépensez » vos secondes tout au long de la journée.

Un autre élément important auquel il faut prêter attention est d'utiliser les secondes pour passer rapidement à autre chose.

Je m'explique : une citation reprise par beaucoup d'entraîneurs de sport de compétition consiste à dire que « l'athlète qui a la mémoire courte gagne ».

Pourquoi ? Tout simplement parce que quand vous êtes en compétition et que vous enchaînez les mauvais points ou quand l'adversaire joue mieux que vous à une période précise du match, si vous n'arrivez pas à prendre de la distance par rapport au point d'avant ou au jeu précédent, vous allez colporter la mauvaise expérience sur les prochains points.

Évidemment en faisant cela, on perd les points à venir. C'est pareil dans les affaires.

Peut-être que vous avez connu une journée, une semaine ou une période difficile dans votre vie mais cela ne veut pas dire que, que l'avenir le sera également.

Vous avez la possibilité à chaque seconde, de re-paramétrer votre esprit, de le remettre à zéro.

Il est très important de faire la part des choses et de comprendre que ce qu'il s'est passé il y a une heure, un jour ou un an, n'est pas l'équivalent des cinq prochaines minutes, heures ou mois.

Il y a beaucoup d'avantages à faire la part des choses, à tirer les leçons du passé et à remettre à zéro votre compteur émotionnel et votre compteur de secondes. C'est important pour pouvoir partir tout de suite dans le bon état d'esprit vers votre prochaine tâche.

Si vous faites, par exemple, de la prospection téléphonique, la pire chose que vous puissiez faire est de répercuter une conversation qui n'a pas mené à la vente sur les prochains appels. En partant avec un état d'esprit de défaite, vous allez l'attirer. Votre tonalité et votre énergie vont véhiculer cette défaite et le prospect ou le client ne va pas sentir un enthousiasme aussi important que si partiez avec un état d'esprit positif.

Voilà donc l'importance d'utiliser chaque seconde pour soit, d'utiliser l'énergie accumulée au cours de la période précédente ou de tirer les leçons rapidement et de passer à autre chose pour avancer.

La pire des attitudes est de se morfondre sur les échecs et expériences douloureuses et de les reporter sur l'avenir. Votre passé n'est pas l'équivalent de votre futur.

Même si vous avez eu un passé difficile que ce soit avec des investissements qui n'ont pas fonctionné ou simplement un passé personnel négatif, cela ne veut pas dire que l'avenir sera obligatoirement compliqué.

Vous avez le choix de tirer des leçons des expériences du passé et de tout simplement les utiliser à bon escient pour l'avenir.

Pensez à cela. Faites la part des choses par rapport aux leçons que vous avez apprises, utilisez chaque seconde soit pour augmenter votre énergie pour la tâche prochaine, soit pour remettre à zéro votre état d'esprit. Tirez les bonnes leçons et avancez du bon pied, à l'image des meilleurs joueurs de tennis entre chaque point.

Souvenez-vous : les athlètes qui ont la mémoire la plus courte sont généralement ceux qui réussissent le mieux parce qu'ils sont constamment dans le moment présent tout en ayant tiré les leçons du passé.

Les meilleurs athlètes ont la mémoire courte.
Matthias Mazur

22

L'OBSESSION POSITIVE

Dans ce chapitre, j'aimerais couvrir l'importance d'être obsédé par ce que vous faites. C'est un thème que peu de personnes partagent parce qu'il y a une connotation très négative associée aux mots « obsession », « obsessionnel » et « obsédé ».

C'est regrettable, car ces mots sont extrêmement réalistes et font partie du quotidien de toute personne qui réussit à haut niveau.

Quelle que soit la discipline, vous devez être obsédé par ce que vous faites. C'est-à-dire que vous devez penser 24h/24 à ce que vous faites.

Encore une fois, je n'invente rien. Je suis simplement quelqu'un d'absolument obsédé par ce qu'il fait. Quand je jouais au tennis, j'étais obsédé par le tennis. Maintenant, dans le monde du business, je suis obsédé par le marketing et le business. Quand je travaille sur un rôle pour un nouveau film, je suis obsédé.

C'est comme cela que je fonctionne et c'est pour cela aussi que j'ai des résultats qui sont ce qu'ils sont. J'ai de la peine à comprendre les gens qui manquent de motivation ou d'intérêt pour quelque chose, car je suis littéralement l'inverse.

Je suis tellement obsédé par ce que je fais, que mon problème devient de gérer mon obsession. Quand je commence une activité, même si c'est un hobby, je dois et je veux tout savoir, tout apprendre, rencontrer les meilleurs et aller là où se trouve l'action.

Par exemple, quand j'ai voulu me lancer dans le cinéma, j'ai vécu à Los Angeles de 2008 à 2010.

Quand j'ai décidé de démarrer dans le monde du cinéma, sachant que la scène théâtrale et cinématographique suisse est peu dynamique, il a fallu aller ailleurs.

J'ai donc réservé un billet pour aller à Londres, j'ai pris deux valises et je me suis inscrit à plusieurs cours de théâtre en même temps.

Et pendant neuf mois, j'ai suivi entre trente et quarante heures de cours par semaine, ce qui est l'équivalent d'un CV de trois ans dans une école de théâtre.

Je ne faisais que ça : lecture, étude, travail de scène, travail de caméra, travail de voix et travail de l'aspect physique sur scène. Je suis devenu vraiment obsédé par le cinéma et par le théâtre.

Lors de ma première année, j'ai tourné deux court-métrages, j'ai lancé ma boîte de production et on tourne maintenant plusieurs productions par année.

C'est comme cela que je fonctionne, c'est pour cela que je vais très vite dans ma vie et que j'arrive à faire autant de choses. C'est parce que je suis obsédé.

Si vous parlez avec n'importe quelle personne active, qui réussit ce qu'elle fait, elle vous dira la même chose ; elle vous dira qu'elle est obsédée par ce qu'elle fait. Les gens qui réussissent sont des personnes obsédées.

Encore une fois, ce n'est pas bien ou mauvais, c'est simplement la réalité.

Si vous voulez réussir à très grande échelle, si vous voulez construire une entreprise importante ou mener une grande carrière, vous devez être obsédé par ce que vous faites.

Vous devez lire tout ce qui est écrit sur votre thème de prédilection, connaître l'histoire de votre discipline, son actualité, vous devez vous entourer des personnes qui réussissent, prendre des cours, vous former, exercer et pratiquer.

Le cinéma, par exemple, n'est pas une discipline qui s'apprend en lisant uniquement des livres, il faut aussi jouer, produire et faire. C'est en faisant qu'on apprend et qu'on progresse.

Il est donc très important de comprendre qu'être obsédé par une activité donne un avantage conséquent par rapport à ceux qui font des activités et vivent leur vie sans vraiment y porter un réel intérêt.

La vérité est qu'être obsédé n'est pas toujours positif ou facile pour l'entourage. Quand vous aimez quelque chose au point de ne parler que de ça, l'entourage ne trouve plus sa place. Mais c'est ainsi, c'est la réalité.

Si vous parlez à des sportifs professionnels, ils vous diront qu'ils sont obsédés par leur discipline. Ils savent exactement quoi manger et à quelle heure, quand ils ont des douleurs, ils savent ce qu'il se passe et pourquoi.

Ils connaissent leur routine et leur quotidien tellement bien, qu'ils savent exactement à quelle heure ils doivent dormir et se réveiller pour être les plus performants. Ce sont des experts et des scientifiques de leur discipline et ils sont complètement obsédés par leur activité.

Donc, si vous voulez vraiment réussir, il est impensable de prendre les choses à la légère. La légèreté de votre implication conduit systématiquement à celle de vos résultats.

Si vous voulez des résultats importants, vous devez être obsédé. Mais sachez que même en étant obsédé, en travaillant et en étudiant, il est possible d'échouer.

Mais ce qui est certain, c'est que si vous n'êtes pas entièrement à votre tâche, vous ne réussirez pas à atteindre le plus haut niveau.

Je le dis ouvertement et les personnes qui excellent dans leur domaine respectif le répètent, pour réussir à haut niveau dans un domaine, l'obsession est de mise.

Je suis obsédé par l'entrepreneuriat, le business, le développement de mes entreprises et de celles des autres. Je suis également obsédé par le cinéma. Ce sont deux choses que j'adore faire et qui me rendent vivant.

Si vous faites une activité actuellement et que vous n'avez pas les résultats escomptés, demandez-vous si vous avez suffisamment de motivation et d'obsession pour ce que vous faites.

L'utilisation excessive des mots « obsédé » et « obsession » dans ce chapitre, aura, je l'espère, attiré votre attention !

Encore une fois, le but de ce livre est de partager les leçons que j'ai apprises et que j'applique. Parfois elles ne sont pas belles à entendre, mais c'est la réalité de ce qui fonctionne et de ce qui ne fonctionne pas.

@MatthiasMazur
Devenez obsédé par ce qui fonctionne.
Matthias Mazur

23

FAIRE PLUS QUE LA MOYENNE

Dans ce chapitre, j'aimerais couvrir l'importance de faire plus que la moyenne, de dépasser les limites et le minimum mis en œuvre par une grande majorité de la société.

J'ai été formé par certains des meilleurs entraîneurs de tennis et de condition physique au monde et une notion que l'on m'a inculquée très tôt est celle de l'importance de travailler plus.

Travailler davantage, non seulement en nombre d'heures mais également plus intelligemment.

L'un de mes premiers entraîneurs m'a affirmé que si je voulais être un joueur moyen, il me suffisait de m'entraîner comme la moyenne. Mais si je souhaitais être un joueur exceptionnel aux résultats extraordinaires, je devais m'entraîner de la sorte. Et pour cela, il fallait faire plus que les autres. C'est très simple.

En observant la société, je vois que beaucoup d'entrepreneurs sont complètement inconscients de ce qui est vraiment nécessaire pour développer une activité qui puisse grandir et survivre, ne serait-ce qu'aux premières années. Une société qui puisse, non seulement subvenir à leurs besoins financiers immédiats, mais également créer quelque chose qui puisse exister dans 10, 20, 30 ou même 40 ans.

Beaucoup d'entrepreneurs pensent que le simple fait de travailler autant que leur concurrence dans leur marché, est suffisant pour oser espérer un meilleur résultat. C'est complètement absurde.

Si vous démarrez une nouvelle activité et que vous voulez avoir des résultats supérieurs à la moyenne, vous devez travailler mieux que les autres, apprendre davantage, rencontrer de meilleures personnes, travailler plus longuement et plus intelligemment et être au courant des derniers outils et technologies capables de faciliter ou de développer votre activité.

Faire ce que font les autres est la recette pour être moyen ou médiocre voire tout simplement mauvais.

Si vous voulez de meilleurs résultats, vous devez faire plus que les autres. C'est très simple à comprendre.

Je vais vous donner un exemple : j'ai toujours été fasciné par les interactions humaines et par le fonctionnement différent des personnes qui ont réussi.

J'ai remarqué très tôt est que les personnes qui ont exceptionnellement bien réussi, qu'importe leur domaine, ont généralement un réseau et des contacts variés et de très haut niveau.

Dès mon très jeune âge, j'ai tout fait pour rencontrer les personnes qui étaient non seulement actives, mais également prédisposées à assister et à aider les jeunes entrepreneurs désireux d'en faire plus et d'arriver à un niveau d'exception.

L'une des choses que j'ai faites et que je fais encore fréquemment est d'aller rencontrer des personnes, même si elles ne me connaissent pas.

Généralement, quand je veux rencontrer quelqu'un, je fais appel à mes contacts qui le connaissent, qui sont en relation avec lui.

Nous sommes ainsi mis en contact par l'un de mes amis ou contacts. Ensuite, je me déplace pour rencontrer cette personne. Je n'attends pas qu'elle vienne à moi. Si elle vient, tant mieux. Dans le cas contraire, j'y vais moi-même.

Si elle vient me rendre visite à Londres par exemple (ville où je suis basé ces dernières années), tant mieux. Mais cela m'est arrivé à maintes reprises de me déplacer, de prendre un avion et de me rendre à New-York, par exemple, simplement pour rencontrer un ou deux producteurs de films le temps d'une soirée.

Le fait de voir quelqu'un en personne est complètement différent d'une discussion en ligne ou téléphonique. Parce que je voulais avoir une relation et un contact personnel avec cette personne, je me suis simplement déplacé.

J'ai fait plus que la majorité des personnes qui envoie un email, espère une réponse et est déçue du silence. J'ai fait plus que le minimum, j'ai fait plus que ce que font les autres.

Si vous avez déjà une activité, si vous croyez en votre produit ou service, vous devez faire plus que les autres pour le promouvoir : explorer de nouveaux réseaux sociaux, créer votre notoriété sur internet, apprendre le marketing, mettre en place des techniques de vente, faire des téléconférences de vente, prospecter physiquement si nécessaire, prendre le téléphone et contacter les personnes avec qui vous voulez faire affaire.

Ne vous contentez pas simplement d'un basique email envoyé à un inconnu. Si vous pensez pouvoir contacter ou avoir une relation avec quelqu'un simplement en envoyant un email, vous vous trompez.

Personnellement, je reçois entre cent et deux cent emails par jour. La grande majorité est filtrée par mon service clientèle, mais je reçois des dizaines d'emails par semaine de personnes qui veulent me rencontrer ou qui ont une idée de partenariat à me proposer ou qui veulent des conseils gratuits ou « discuter 5 minutes » avec moi. Mais rien ne les distingue les uns des autres.

C'est toujours pareil : un email formaté sans contact particulier, sans attention particulière, parfois avec une faute d'orthographe dans mon prénom ou mon nom de famille, et ces personnes s'attendent à une réponse rapide et personnalisée. C'est risible de voir cela dans le monde des affaires.

Si vous voulez quelque chose de quelqu'un, c'est à vous de faire davantage pour vous distinguer de la masse des contacts reçus par cette personne.

Il y a par exemple des personnes que j'aimerais rencontrer dans le monde mais qui sont très occupées et ont déjà un réseau conséquent. Le seul moyen pour moi d'avoir l'opportunité de les connaître est de faire plus que les autres.

Cela peut vouloir dire organiser une donation groupée pour leur œuvre caritative préférée ou leur envoyer un courrier physique avec plusieurs cadeaux pour attirer leur attention.

Ces actions vous coûteront plus d'argent et plus de temps, mais elles vous permettront de vous différencier des autres et donc, d'ouvrir les portes que vous voulez.

En fin de compte, c'est à vous de voir quels types de résultats vous souhaitez. Si vous voulez qu'ils soient différents de la grande majorité, vous ne devez jamais vous contenter du minimum.

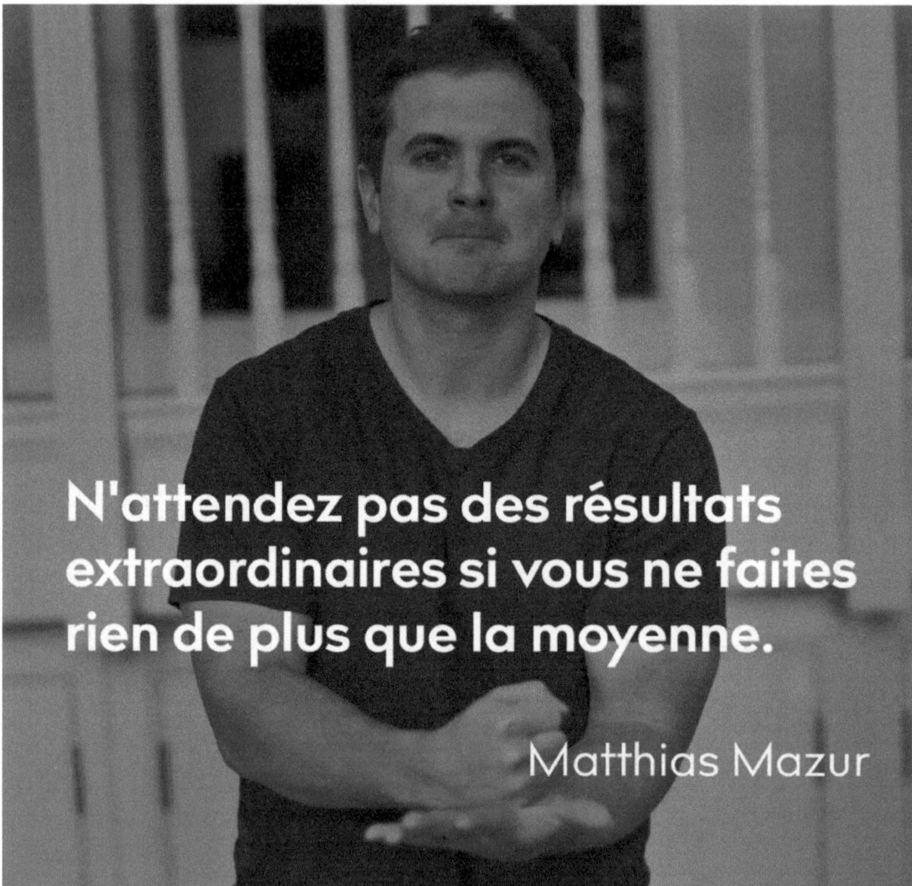
N'attendez pas des résultats extraordinaires si vous ne faites rien de plus que la moyenne.
Matthias Mazur

24

VOYAGER POUR L'EXPÉRIENCE

J'ai lu une statistique disant que la majorité des personnes vivent à moins de cent kilomètres de l'endroit où elles sont nées. Réfléchissons-y.

On nait dans une région que l'on ne choisit pas, mais la grande majorité des personnes vivent dans cette dite région quasiment toute leur vie.

Aujourd'hui, la possibilité de voyager rend le monde tellement accessible, les déplacements si faciles. Les compagnies aériennes proposent des tarifs complètement différents d'il y a 20 ou 30 ans, de ceux de l'époque de nos parents ou grands-parents. Les moyens de communication actuels sont beaucoup plus simples d'utilisation et permettent de se connecter avec d'autres personnes, mais aussi de voir des endroits inconnus, via des vidéos sur internet, par exemple.

Très jeune, j'ai commencé à me déplacer, à voyager fréquemment. J'ai eu la chance d'avoir des parents qui viennent de pays différents : mon père est né en Pologne juste après la seconde guerre mondiale et ma mère est née en Turquie. Ils se sont ensuite rencontrés en Suisse.

Ils ont tous deux quitté leurs pays respectifs et sont venus habiter, terminer leurs études et construire leur vie en Suisse.

Par la force des choses, j'ai grandi avec cette connexion à plusieurs pays. La Suisse évidemment puisque j'y suis né et y ai grandi, mais également avec d'autres pays, d'autres états d'esprit et cultures.

Je pense donc qu'il est dommage d'avoir les moyens de voyager, de voir d'autres choses, d'autres cultures, de rencontrer d'autres personnes, d'avoir d'autres opportunités et de rester dans sa région d'origine, sans jamais se déplacer.

Je pense que le fait de ne pas voyager, de ne pas partir quelques semaines ou quelques mois, de ne pas changer d'environnement et de personnes que l'on voit au quotidien, est dommageable. L'ouverture d'esprit qu'apportent les voyages, qu'ils soient courts ou longs, est primordiale et sous-estimée par beaucoup.

Si vous avez la possibilité de voyager, faites-le. Si vous voulez voyager, vous trouverez toujours un moyen de le financer.

Même si vous n'avez pas beaucoup d'argent, quelques économies, un temps géré différemment, une bonne organisation, permettent à tout le monde de voyager, ne serait-ce que quelques jours par année.

Qu'importe votre situation, vous pouvez toujours trouver des solutions.

Évidemment, tout le monde ne peut pas s'absenter pendant des semaines ou des mois chaque année, cela dépend de votre emploi du temps et de votre activité. Mais si vous avez la chance d'être indépendant et de gérer votre emploi du temps, vous passez à côté d'opportunités et de rencontres fantastiques si vous ne voyagez pas régulièrement.

Personnellement, je voyage beaucoup, à raison de trois à six mois par an.

Je passe mon temps entre Londres où sont nos bureaux et ma société de production, les États-Unis pour voir nos clients et mes amis d'Outre-Atlantique, la Suisse puisque c'est là que j'ai grandi, qu'il y a mes amis et mes parents et la Turquie en été ou quelques week-end, quand mes parents y sont car ils sont retraités.

Je me force donc à voyager plusieurs mois par année dans des endroits différents, à revoir des amis habitant aux quatre coins du monde que ce soit en Amérique du Nord ou du Sud, en Europe, en Asie, à rencontrer des personnes, découvrir de nouveaux endroits et changer de quotidien.

Ce qui ne m'empêche pas d'être très attaché à ma routine et à mes rituels quotidiens. Ils me permettent d'être performant dans mes affaires et dans le développement de mes projets.

Il est important de prendre du recul. Et voyager permet de prendre du recul par rapport à ce que l'on fait. Plus vous voyagez, plus vous prenez de recul par rapport à vos activités et à votre vie.

Si vous n'avez pas un important budget pour voyager, de nombreuses choses sont à votre disposition dans votre région pour sortir de votre quotidien.

Je vous l'ai dit, je suis né et ai grandi en Suisse, à Lausanne précisément. En une demi-heure ou une heure de voiture, il est possible de se rendre dans un environnement complètement différent : à la montagne, dans des paysages paradisiaques ou dans des grandes villes comme Zurich, par exemple.

Quel que soit votre lieu de vie, il est toujours entouré d'endroits si variés, qu'ils vous donnent une perspective différente par rapport à votre quotidien.

Demandez-vous combien de fois vous avez voyagé dernièrement, ces derniers mois ou années et voyez comment vous pouvez voyager plus, dans l'unique but de sortir du quotidien.

Ainsi, vous vous déconnecterez de ce que vous faites, ce qui vous permettra d'observer une autre perspective par rapport à vos activités. Vous en ressortirez avec des perspectives plus claires et de nouvelles idées.

Planifiez vos prochains voyages même sur le temps d'un week-end.

De mon côté, j'essaie de voyager au moins une fois par mois, de prendre un week-end de congé et de déplacement mensuel pour moi-même. Cela peut être avec ma famille, mes proches, mes amis. Ce sont des moments où je ne fais rien et où je me déconnecte complètement de mes activités quotidiennes.

Pensez-y. Prenez ne serait-ce qu'un ou deux jours par mois (ou un weekend tous les deux mois) si votre emploi du temps ne vous permet pas de faire autrement.

Forcez-vous à organiser vos prochains voyages ou déplacements même s'ils se trouvent à seulement une demi-heure ou une heure de chez vous.

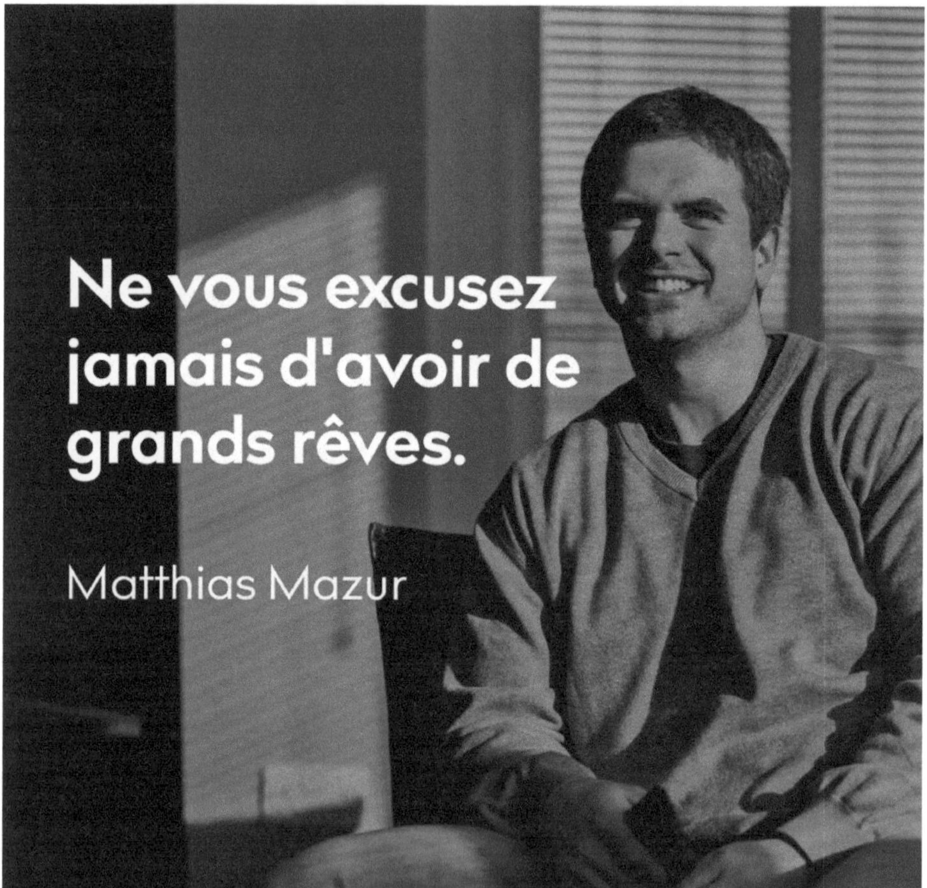
Ne vous excusez jamais d'avoir de grands rêves.
Matthias Mazur

25

CE QUI FONCTIONNE POUR VOUS

Dans ce chapitre, j'aimerais couvrir l'importance de faire ce qui fonctionne pour vous.

Quel que soit votre domaine d'activité, que vous soyez artiste, entrepreneur ou créateur en tout genre, il y a toujours plusieurs façons de réussir.

Si vous interrogez les dix meilleurs acteurs, entrepreneurs, sportifs… vous entendrez généralement des versions différentes quant à leur préparation, technique, stratégie et entraînement. C'est tout à fait normal.

C'est pour cela que j'ai une relation d'amour et de haine avec le développement personnel. Même si je crois fortement qu'il est scientifiquement prouvé que certains concepts favorisent le développement et le succès, il faut également comprendre et reconnaître qu'il n'y a pas une seule formule, il n'y a pas une manière unique de procéder.

Beaucoup de chemins peuvent être empruntés pour réussir. Regardez le monde du tennis par exemple. Un joueur comme Raphaël Nadal a une technique complètement différente de celle de Roger Federer.

Ce sont des sportifs radicalement opposés dans leur style et leur approche de jeu, et dans leur manière d'imposer leur stratégie et même de fonctionner en dehors du terrain.

Je l'ai vu avec le grand nombre de joueurs que j'ai côtoyés ; qu'il s'agisse des joueurs de Coupe Davis en Suisse, en Belgique ou des meilleurs joueurs de tennis au monde, chacun fait les choses un petit peu différemment.

Si vous leur posez la question, ils vous expliqueront leur méthode, celle qui leur réussit. Mais souvenez-vous que les choses qui fonctionnent pour moi ne fonctionneront pas nécessairement pour vous.

C'est pour cela que même s'il est évidemment possible de regrouper des stratégies et des techniques globales et générales, des concepts conducteurs, les différences de marché, économiques et d'exécution font qu'il n'y a pas qu'un seul moyen de réussir.

Il y a quelques années par exemple, j'ai monté une entreprise avec soixante-cinq employés. Cela fonctionne très bien en soi et gérer cinquante, soixante ou cent personnes peut vous plaire.

Il y a des milliers d'entreprises qui prospèrent et qui font du très bon travail, de très bons produits et de très bons services avec cinquante, soixante ou cent employés. Mais me concernant, ce n'est pas quelque chose que j'aime faire.

Je n'aime pas devoir me lever le matin pour aller gérer des managers et des équipes complètes de dizaines de personnes.

Oui, je l'ai fait et je le fais encore actuellement, mais je trouve que ce qui me permet d'avoir le meilleur équilibre tout en accomplissant mes objectifs financiers et en apportant un maximum de valeur au marché est d'avoir une équipe de dix à quinze personnes au maximum. C'est comme cela que j'opère le mieux.

Si vous avez actuellement deux cent employés, peut-être que cela fonctionne très bien pour vous. Mais personnellement, je n'en retire aucun plaisir et je n'ai pas vraiment envie d'avoir ce genre d'activité. Je l'ai vu, fait et j'en ai conclu que cette vie-là ne me plaît pas. Et avec les outils d'internet et les réseaux sociaux, je peux être beaucoup plus efficace et omniprésent dans un marché avec 10 personnes plutôt que 200.

Si vous travaillez actuellement en indépendant, que vous êtes freelance, peut-être que vous n'avez aucune envie d'avoir des employés. C'est donc un autre modèle de business qui s'impose pour vous. À vous de trouver ce qui vous rend heureux et ce qui fonctionne pour vous.

Je vais vous donner un autre exemple : je n'aime pas assurer des rendez-vous, je n'aime pas les meetings et les conférences internes. Mon expérience m'a montré que c'est une perte de temps, que 90% des rendez-vous ne contribuent pas au développement d'une activité.

Si vous avez déjà géré d'importantes équipes, vous êtes sans doute d'accord.

Mais alors, pourquoi de nombreux entrepreneurs passent autant du temps en rendez-vous plutôt qu'à exécuter leurs activités et tâches ?

Si vous aimez les rendez-vous, peut-être que cela fonctionne pour vous. Personnellement, j'ai horreur de devoir imposer dix ou quinze rendez-vous quotidien sur mon calendrier. Je n'aime pas fonctionner comme cela, donc je ne le fais pas.

Vous devez trouver ce qui marche pour vous. S'il y a des choses qui fonctionnent pour vous dans votre activité, utilisez-les, faites ce qui vous réussit et vous rend heureux. S'il y a des activités qui ne vous plaisent pas, passez moins de temps à ces dernières.

De nombreux clients et prospects me demandent comment je peux faire autant de choses en parallèle, comment est-ce que je peux gérer mes entreprises, mes films et l'écriture de mes livres ? C'est parce que je sais exactement comment je fonctionne, où allouer mon temps et mon énergie. Je peux donc optimiser chaque seconde de ma journée.

Prenons l'exemple de l'écriture d'un livre. Je n'aime pas écrire un ouvrage. J'aime écrire des articles de deux, trois, quatre ou cinq pages quand j'ai envie de partager une idée, sur ma page Facebook ou sur mon blog.

Mais je n'ai ni patience et ni plaisir à écrire un livre de 200 pages. Par contre, ce que j'aime faire, c'est parler. J'adore parler, je communique très bien au niveau oral et je peux enregistrer un livre en l'espace de huit à dix heures par le biais de l'audio.

Cela fonctionne pour moi. Peut-être que cela ne fonctionnera pas pour vous si vous n'aimez pas parler, peut-être êtes-vous beaucoup plus rapide en rédaction.

Donc, utilisez ce qui fonctionne pour vous. Ne pensez pas que vous devez toujours copier la façon de faire de quelqu'un d'autre, nous ne sommes pas tous identiques.

C'est pour cela que quand je donne des conseils dans le monde du business, que ce soit dans le cadre de consulting avec des clients ou lors de conférences gratuites, il m'est très important d'avoir le plus d'informations possibles pour pouvoir conseiller au mieux.

Même si tout le monde veut une solution rapide et directe, il est impossible de donner une réponse sans connaître tous les éléments.

Si vous regardez des athlètes à la télévision, vous avez sans doute remarqué que chacun a un style particulier, tient la raquette de tennis à sa façon, se prépare différemment, effectue son coup droit ou son revers de manière différente. Chacun a sa propre marque de fabrique.

Il vous faut donc trouver les généralités de votre activité, analyser votre manière de procéder, ce qui vous réussit dans votre activité et accentuer ce qui fonctionne déjà.

Si quelque chose ne fonctionne pas du tout, mettez-le de côté ou analysez ce que vous devez changer de manière radicale et améliorer.

Ne tombez pas dans le piège en pensant que si quelqu'un d'autre fait les choses différemment, vous devez également procéder exactement pareil.

Dans cette activité où j'avais soixante-cinq employés, j'avais plus de trente vendeurs téléphoniques. Peut-être que vous détestez la vente par téléphone. Donc même si c'est efficace, si je vous disais de faire de la vente par téléphone, vous seriez probablement dégoûté. Mais j'adore la vente par téléphone, c'est un outil exceptionnel pour augmenter le chiffre d'affaires d'une activité et nous l'utilisons dans presque chacune de mes activités. Mais peut-être que cela ne vous correspond pas.

Encore une fois, il n'y a pas une seule et unique solution à tous les problèmes. Chaque situation, chaque activité et chaque personne est différente.

Procédez dès à présent à un audit de vous-même pour analyser comment utiliser au mieux vos compétences et vos envies actuelles, pour ne pas regarder et reproduire aveuglément ce que font les autres.

Marketing
Internet
Immersion
Totale
Mettez la priorité où
vous voulez voir des résultats.
Matthias Mazur

26

LE SPÉCIALISTE EST TOUJOURS MIEUX PAYÉ QUE LE GÉNÉRALISTE

Dans ce chapitre, j'aimerais couvrir l'importance de devenir maître de votre discipline.

Je trouve personnellement qu'il y a beaucoup de laxisme et de laisser-aller dans notre société. Je n'ai jamais compris les paresseux et je ne les comprendrai jamais. Je n'ai jamais compris pourquoi faire les choses à moitié quand on peut les faire à fond.

C'est ma vision et ma manière d'opérer. Même quand je joue au hockey sur glace (mon sport préféré) pour le plaisir avec d'autres hockeyeurs du dimanche, je prends cela au sérieux. J'observe comment jouent les meilleurs joueurs au monde, je regarde des vidéos sur YouTube qui dissèquent leurs actions, etc…

Évidemment je joue pour le plaisir et j'adore m'amuser, mais même quand je vais à la patinoire tout seul, je fais quelques exercices, je travaille ma vitesse et mon tir.

J'ai acheté plusieurs cannes de hockey et plus de soixante pucks. Et lorsque je suis chez mes parents, en été, je joue au hockey dans le jardin. Je tire sur une cible pour améliorer mon niveau de jeu.

De cette manière, quand je retourne sur la glace la saison suivante, j'ai progressé, j'ai de l'avance sur les autres joueurs de mon club et je m'amuse davantage parce que je maîtrise un peu plus la discipline.

Et oui, c'est un hobby, quelque chose que je fais pour le plaisir mais je le prends au sérieux car ça me permet de m'amuser encore plus. C'est simplement ma manière de voir et de faire les choses.

Quand j'ai commencé la compétition de tennis à l'âge de dix ou onze ans, j'étais très bien entouré par d'excellents entraîneurs. Avec eux, j'ai appris très tôt la nécessité de perfectionner constamment ses connaissances et ses compétences.

Si vous voulez réussir dans n'importe quel domaine, vous devez devenir maître de votre discipline. Si vous voulez devenir le meilleur athlète dans une discipline, vous devez tout connaître la concernant.

Vous devez savoir à la perfection, comment fonctionne votre corps, combien d'heures et même de minutes vous devez dormir pour optimiser vos performances, quoi manger avant les compétitions, comment vous entraîner au mieux, gérer votre quotidien hors compétition, etc…

Vous ne pouvez rien laisser au hasard si vous voulez devenir un maître. Et comme je le dis toujours, « le spécialiste est toujours mieux payé que le généraliste ». Exemple chez les médecins : le généraliste touche environ 82 000€ par an, le radiologue touche 190 000€ par an, soit plus du double.

Si vous faites quelque chose, si vous avez une activité ou une affaire, promettez-vous d'aller à fond. Il y a un fléau de médiocrité dans notre société et de nombreuses personnes se contentent du strict minimum.

Dans mes entreprises, les personnes qui font le strict minimum et qui sont minimalistes ne durent pas longtemps. Elles sont très rapidement remplacées. Ce qui est génial, c'est que je n'ai même pas besoin de lever le ton parce que si quelqu'un travaille trop lentement et ralentit d'autres dans l'équipe autour d'eux, les autres s'en rendent compte et demandent à ce que le minimaliste progresse ou soit remplacé.

Je le dis très clairement lors de la phase de recrutement et je le rappelle lorsque quelqu'un baisse en performance. J'attends de la performance et de l'assiduité de la part de personnes qui travaillent dans mes équipes.

Évidemment, je suis conscient que tout le monde ne peut pas fonctionner constamment au niveau le plus haut, mais dans l'ensemble, la raison pour laquelle on arrive à faire les choses beaucoup plus rapidement que d'autres entreprises, est un niveau d'exécution beaucoup plus élevé.

Pour devenir maître de votre discipline, vous devez y passer du temps. Rien n'arrive du jour au lendemain. Vous ne pouvez pas devenir le meilleur joueur de Poker ou le meilleur joueur de tennis ou encore, le meilleur acteur, du jour au lendemain. Cela prendra du temps pour véritablement maîtriser quelque chose.

Il y a une règle qui dit qu'il faut généralement dix mille heures pour maîtriser une discipline. La réalité est que cela peut prendre encore plus longtemps.

Dans la plupart des grandes carrières de sport et de divertissement, il y a une période constante, une période qui revient souvent entre le début d'une affaire et son succès et qui dure généralement dix ans.

Cela prend une dizaine d'années de travail quotidien pour façonner son talent, devenir maître de sa discipline, pour être meilleur que 99,9% des concurrents sur un marché.

Cela prend du temps. Et le mieux vous êtes entouré, formé et préparé, le plus vous mettez d'effort dans votre préparation, le mieux vous travaillez qualitativement et quantitativement, le plus vous accélérez votre développement et votre réussite.

Les autres ingrédients indispensables sont le désir et la motivation. Si vous faites quelque chose qui ne vous motive pas ou qui ne vous inspire pas, cela va drainer votre énergie de le faire pendant des années.

Si vous êtes dans une activité qui vous déplaît ou que vous détestez, il faut peut-être revoir votre situation actuelle tout comme vos objectifs.

Si vous devez payer vos factures, vous pouvez tout à fait conserver votre emploi pendant un moment et développer une affaire complémentaire à côté, qui, ensuite, pourra devenir une entreprise à temps complet.

Vous devez faire quelque chose qui vous plaît et qui vous inspire. Si vous vous levez tous les matins pour aller au bureau ou travailler dans une affaire qui vous déprime ou vous frustre, vous serez dégoûté par ce que vous faites et finirez par ne pas aimer votre vie et votre quotidien.

Il doit y avoir un facteur de motivation et d'intérêt dans tout ce que vous faites car pour devenir un maître, cela prend du temps, des années parfois.

Si vous ne choisissez pas le bon secteur, celui qui vous passionne, il sera très difficile de devenir compétent, parce que vous rencontrerez inévitablement des difficultés pendant le développement. Si vous n'êtes pas passionné ou au minimum intéressé par l'activité en question, rien ne vous poussera à persévérer pendant les périodes difficiles.

Une autre chose à garder à l'esprit : il y a évidemment un facteur de talent.

Vous pouvez travailler trente mille heures pendant le restant de votre vie, dans la gymnastique par exemple, et ne jamais devenir un bon gymnaste, ne jamais participer aux Jeux Olympiques.

Il y a un facteur inévitable de prédisposition. Si vous mesurez 1,40 mètre, il vous sera peut-être plus difficile de faire carrière dans le milieu du basket. Cela ne veut pas dire que c'est impossible, cela veut simplement dire que vous allez devoir travailler différemment des autres et les obstacles naturels seront beaucoup plus importants.

Il y a certains secteurs où vous n'allez tout simplement pas pouvoir exceller. Il est important d'être clair et conscient des facteurs naturels qui peuvent être limitants.

Il ne faut pas tomber non plus dans l'utopie en pensant qu'il suffit de travailler pour réussir. Dans n'importe quelle discipline, si vous regardez par exemple le tennis professionnel, les cent ou deux cents meilleurs joueurs du monde travaillent tous de manière intense, mais il n'y a qu'un seul numéro un mondial.

Pour devenir maître de votre discipline, dédiez-lui une attention quotidienne, acceptez que cela prendra du temps, soyez passionné par ce que vous faites car vous traverserez inévitablement des périodes difficiles, même si vous adorez votre domaine d'activité.

Matthias Mazur
Immersion
Totale
Devenez un maître
de votre discipline.
Matthias Mazur

27

DONNER AVANT DE DEMANDER

Dans ce chapitre, j'aimerais couvrir l'importance de donner avant de demander.

C'est un concept vieux comme le monde mais qui est oublié par la grande majorité des sociétés et personnes de notre époque.

« Donner avant de demander », vous avez entendu cela de la bouche de vos parents. Ils vous ont sûrement dit qu'il est toujours plus gentil de donner ou de rendre un service à quelqu'un avant de demander quelque chose.

Dans le monde du business, c'est pareil. Pour faire plus de ventes, le meilleur moyen de se constituer un marché et d'attirer son attention est de donner quelque chose gratuitement.

On vit à une époque où donner gratuitement sur internet est très facile. Cela ne vous coûte rien en termes de stockage, tout peut être hébergé sans frais soit sur votre site, soit sur Facebook ou sur d'autres plateformes.

Et cela peut donner une énorme valeur ajoutée aux personnes qui reçoivent. Vous pouvez par exemple donner un livret, de l'information, une vidéo, un article, un document téléchargeable ou même un service ou un moyen de communiquer avec votre entreprise par exemple.

Quelqu'un de votre entourage vous a certainement déjà rendu service plusieurs fois et vient le moment où vous vous sentez obliger de l'aider en retour. C'est humain. C'est ce que l'on appelle le « donnant-donnant ».

Si quelqu'un vous rend plusieurs fois un service et que, lorsqu'il vous demande un retour, vous ne l'aidez pas, attendez-vous à ce qu'il ne soit plus là pour vous à l'avenir.

Dans le monde du business, c'est exactement pareil. Comme nous vivons à une époque où les frais de stockage sont minimes voire gratuits, il est désolant de passer à côté de cette opportunité d'offrir plus à vos prospects ou clients que ce que font vos concurrents.

Prince, l'artiste décédé au printemps 2016, était l'un des premiers artistes à offrir son CD gratuitement dans un journal distribué le dimanche en Angleterre. Il est allé à l'encontre de la stratégie marketing de son label et il a affirmé vouloir donner son CD gratuitement à tout le monde.

Donc, il l'a fait ! Pour quelques centimes, le journal du dimanche a négocié une offre spéciale avec Prince pour distribuer sa musique à chaque personne qui achetait un exemplaire ce jour-là.

Ce que Prince savait et que le label de musique ignorait et ne voulait pas faire, c'était de donner avant de recevoir.

Prince savait que si des millions de personnes recevaient un CD gratuitement, la presse en parlerait et il attirerait ainsi l'attention du marché, les gens l'écouterait. À l'époque, recevoir un CD gratuit d'un artiste internationalement renommé comme Prince était quasiment révolutionnaire. Il a été très malin car il savait qu'en donnant quelque chose gratuitement, beaucoup de monde viendrait à ses concerts.

Dans les mois qui ont suivi cette distribution et cette campagne promotionnelle, Prince a vendu l'équivalent de dizaines de millions d'euros de billets de concert pour sa tournée.

À l'époque, c'était l'une des campagnes de marketing et de promotion d'un CD les plus lucratives. Depuis, beaucoup d'artistes ont compris et ont suivi le même modèle. Ils diffusent aujourd'hui leur musique gratuitement pour vendre ensuite leurs tournées, leurs expériences et leurs produits dérivés.

Au-delà de l'aspect « retour sur investissement » et du marketing génial consistant à donner avant de demander, cela permet également de tisser une relation de confiance avec votre marché.

Ne vous attendez pas à avoir les faveurs de quelqu'un si vous ne donnez rien. Tout vient de l'état d'esprit.

Je reçois des centaines de messages par semaine sur Facebook et autres plateformes de réseaux sociaux de personnes qui demandent « quelques conseils » pour leur affaire ou qui me demandent de regarder et critiquer leur site. Ce qui est aberrant, c'est que je n'ai aucune idée de qui sont ces gens.

Ils n'ont pas pris le temps d'établir une relation ou de m'envoyer quelque chose avant de me demander un service. C'est le monde à l'envers.

Donc, si vous voulez obtenir quelque chose de quelqu'un, assurez-vous de donner avant de demander. Cela peut être un cadeau insignifiant, comme envoyer une carte postale ou un petit cadeau à la personne que vous voulez rencontrer ou à laquelle vous souhaitez demander un service.

Ce qui est étrange, c'est que nous vivons dans une société tellement sceptique que, quand vous donnez, certaines personnes seront étonnées et demanderont pourquoi vous partagez autant.

C'est, par exemple, mon cas sur les réseaux sociaux et sur Facebook. Nous publions tellement d'informations gratuites sur ma page Facebook et autres réseaux sociaux, que certaines personnes se disent que cela « cache » forcément quelque chose.

Mais tout ce que nous faisons est très transparent. Nous publions du contenu gratuit sur les réseaux sociaux pour attirer l'attention de notre marché, se constituer une audience et bâtir ma renommée et ma réputation à long terme. Nous vendons des formations pour aider les entrepreneurs et les entreprises à développer leur chiffre d'affaires. Nous assurons également du service et du consulting pour les grands groupes et sociétés. Simple.

Cela permet d'attirer des personnes intéressées, des prospects qualifiés et qui comprennent la valeur des informations diffusées. Mais cela attire aussi l'attention des sceptiques qui ont tellement peur de tout, même de leur ombre, qu'ils trouvent anormal de donner avant de demander.

Ceux qui suivent ce principe et qui ont un état d'esprit ouvert, comprennent parfaitement ce fonctionnement quand ils le voient ailleurs.

Si vous voulez avoir de meilleurs résultats dans vos relations, dans votre vie, si vous voulez rencontrer des personnes plus avancées que vous, qui peuvent vous apporter plus, donnez quelque chose avant de demander un service, de l'aide ou quoi que ce soit.

Le monde est rempli de personnes qui veulent posséder sans jamais rien donner en échange, sans investir et sans se mouiller.

Toutes les relations que j'ai construites ont toujours suivi ce même modèle : donner avant de recevoir. C'est du bon sens et c'est ainsi que j'ai été élevé et éduqué par mes parents. Quand je veux rencontrer quelqu'un qui est plus « haut » que moi dans un domaine particulier (notamment dans le monde du film et de la production), je me déplace, je donne quelque chose avant de demander un service.

Et il est arrivé plusieurs fois qu'après avoir donné et rendu des services, la personne concernée me propose de faire quelque chose pour moi.

Oui, vous serez confronté à des personnes à qui vous donnerez sans obtenir de retour. On les appelle des profiteurs. Je vous conseille de les mettre sur une liste noire et de les oublier. Cela fait malheureusement partie du jeu.

Mais si vous voulez maximiser vos résultats et côtoyer des personnes qui apprécient vos efforts, donnez avant de recevoir. Songez à cela quand vous tisserez vos prochaines relations ou quand vous vous lancerez dans un nouveau domaine d'activité.

Les champions gagnent
plus parce qu'ils savent
mieux perdre.
Matthias Mazur

28

MAXIMISER LE CONTRÔLE

Dans ce chapitre, j'aimerais couvrir l'importance de contrôler au maximum votre environnement et tous ses éléments.

À 14 ans, j'ai commencé à voyager en championnat d'Europe et du monde. Et l'un des premiers livres que j'ai lus concernant le tennis était un ouvrage de Brad Gilbert, *Winning Ugly*, ce qui signifie littéralement « gagner de manière moche ».

Le titre attirait forcément l'attention ! Et comme je voulais tout savoir sur le tennis, faire les choses à fond, j'ai commencé à acheter tous les livres que je voyais en librairie sur le sujet. J'ai toujours voulu connaître et apprendre tout ce que je pouvais sur la discipline dans laquelle je m'impliquais.

Derrière ce titre un peu curieux se cachait l'ancien entraîneur d'André Agassi, l'un des dix meilleurs joueurs mondiaux d'une époque. Il expliquait ainsi sa manière de se préparer et de fonctionner pendant un match de tennis.

L'accent était mis sur le côté psychologique. Le concept principal de ce livre est l'importance de contrôler au maximum sa préparation, son entraînement et son avant match.

Le tennis est un sport où il y a beaucoup de facteurs inconnus. On joue contre un adversaire dont on ne connaît pas la forme physique, avec des conditions météorologiques qu'on ne contrôle pas, dans des pays différents, dans des endroits où l'alimentation est différente de nos habitudes, etc.

Il y a donc tellement d'éléments incontrôlables, qu'il est primordial de contrôler ceux sur lesquels on peut agir.

Dans son livre, Brad Gilbert explique que les éléments contrôlables sont par exemple l'alimentation, les étirements, la préparation, l'entraînement, l'équipement et les heures de sommeil avant un match. Ils doivent donc l'être au maximum.

Rien ne doit être laissé au hasard. Il y a tellement d'inconnus dans le sport que si vous ne contrôler pas ce que vous pouvez, vous êtes à la merci de nombreux éléments extérieurs.

La grande leçon de ce livre est donc de contrôler tout ce que vous pouvez. Et dans votre vie, le schéma est le même. Il est évidemment impossible de tout contrôler. La vie en général, les surprises, les accidents et les imprévus sont hors de contrôle, mais ce n'est pas le cas pour tous les éléments de votre quotidien.

On peut par exemple contrôler le nombre d'heures de sommeil, l'heure de coucher, l'heure de réveil, la nutrition, les heures de repos, de télévision, de moments en famille ou le temps accordé au développement d'une affaire.

Si votre situation familiale est plus compliquée, si vous avez des enfants en bas âge ou des personnes à charge, il est clair que cela peut être un peu plus problématique qu'en étant seul et célibataire.

Mais qu'importe la situation, il y a toujours quelque chose que vous pouvez faire, que vous pouvez contrôler pour minimiser les imprévus.

La vie fait qu'il y aura toujours des imprévus, mais plus vous contrôlez d'éléments moins vous laissez de chance au hasard.

Et si vous voulez être performant dans votre vie, dans votre affaire et même, dans votre famille, si vous voulez pouvoir fonctionner à un haut niveau dans votre business et dans vos relations familiales et amicales, il est important de garder un maximum d'éléments sous contrôle.

Quand je passe du temps avec ma famille par exemple, je n'ai généralement pas mon téléphone avec moi. Pourquoi ? Parce que sur mon smartphone, je reçois des notifications que je n'ai pas envie d'avoir quand je suis en famille, en train de manger ou de passer du bon temps avec mes parents.

Un autre élément que je contrôle est mon sommeil. J'observe des heures de sommeil très régulières, qui me permettent de me lever relativement tôt. Je contrôle ainsi l'heure à laquelle je me réveille mais également ma routine matinale.

Dans un chapitre précédent, j'expliquais l'importance d'avoir une routine quotidienne, un rituel qui donne de la stabilité pour la journée. Voilà donc un autre élément que vous pouvez contrôler : la routine du matin, ce que vous faites en vous levant.

Pour ne pas être constamment tiraillé de tous les côtés, il est préférable de se lever quinze à trente minutes plus tôt pour aller faire un tour, un petit peu de sport et commencer votre journée selon vos directives. Cela vous permettra de vivre le reste de la journée en étant plus calme.

Quand j'ai découvert cette notion de contrôler un maximum d'éléments, j'ai commencé à l'appliquer et j'ai rapidement compris que cela donnait énormément de stabilité à mon quotidien.

Même si vous faites face à des imprévus, cette manière de penser vous permet de rester sain et calme, de réduire le niveau de stress quotidien.

Si vous vous sentez tiraillé de tous les côtés, listez les éléments de votre vie que vous pouvez et devez mieux contrôler.

Cela peut être vos heures de sommeil, votre heure de réveil, les trente premières minutes de votre journée, les heures passées au bureau, en famille, votre emploi du temps après le boulot, etc. Et cela vous permettra de vivre beaucoup plus sereinement, au bureau comme en famille, comme dans vos loisirs.

Pensez à ce concept et faites une liste de tous les éléments qui, aujourd'hui, drainent votre énergie. Classez ces éléments en deux colonnes : les éléments imprévus et ceux que vous pouvez contrôler. Cela commencera vous procurera plus de stabilité et de tranquillité d'esprit dans votre quotidien.

Une bonne idée ne vaut rien sans exécution.
Matthias Mazur

29

COURT TERME ET LONG TERME

Dans ce chapitre, j'aimerais couvrir la différence entre une tactique à court terme et une vision à long terme.

Chaque jour, je reçois des messages de personnes qui me demandent la meilleure façon de développer leur affaire, le secret pour être un entrepreneur plus heureux et plus libre.

Nombreuses sont les personnes qui cherchent la pilule magique, la solution miracle.

Nous vivons dans une société impatiente, qui veut tout, tout de suite, sans faire d'effort et sans investir ni temps, ni argent.

Ce mode de pensée généralisé fait que le grand public connaît de nombreuses difficultés dans sa vie : l'obésité, les problèmes de santé, l'insatisfaction, les problèmes financiers, etc.

Je ne dis pas cela pour critiquer le grand public, mais c'est une réalité comme le prouvent des études menées par les gouvernements du monde. Les résultats révèlent que la majorité des personnes ne sont pas heureuses.

Mais, quelle est la relation entre ce constat et le fait d'avoir une stratégie à long terme ? Quelle que soit l'activité dans laquelle vous êtes, que vous soyez dans le monde sportif, académique, artistique ou de l'entrepreneuriat, il faut comprendre que vous parviendrez peut-être à décrocher une audition, un job ou une bonne campagne de marketing grâce à une tactique à court terme.

Cela peut fonctionner une fois ou deux. Vous pouvez trouver la bonne combinaison, la tactique à court terme pour réparer les problèmes antérieurs ou générer un afflux rapide d'argent.

Mais il y a une différence fondamentale entre utiliser une tactique à court terme et prospérer à long terme.

Ceux qui se concentrent uniquement sur la manière de trouver une pilule magique et rapide pour résoudre tous les problèmes, sans avoir de vision et de stratégie à long terme, sont voués à l'échec.

La majorité des êtres humains sont, par définition, paresseux. Il y a donc toujours cette tendance à faire le moins possible tout en ayant les meilleurs résultats.

La réalité est que si vous voulez réussir dans n'importe quel domaine, il faut suivre une stratégie et une vision à long terme. Si vous voulez construire une maison, vous devez la visualiser et la dessiner pour avoir des plans clairs. Ensuite seulement, vous pourrez mettre les briques, l'une après l'autre. Si vous essayez de construire un bâtiment en un jour, vous allez négliger les fondations et utiliser les mauvais matériaux et votre maison s'écroulera au premier coup de vent.

Pour avoir un projet, une activité, une relation ou une affaire qui tourne sur le long terme, vous devez être clair sur la stratégie à adopter pour développer une réussite capable de surpasser tous les problèmes.

Vous pouvez évidemment utiliser des tactiques à court terme. Une campagne promotionnelle en été ou à Noël se révèlera très utile.

Mais si vous voulez vraiment avoir une affaire qui tourne dans 6 mois, 3, 5, 10 ou 20 ans, il est indispensable de maîtriser une large palette de compétences.

Mes amis acteurs se concentrent souvent uniquement à court terme pour décrocher le prochain rôle, la prochaine audition dans l'espoir de pourvoir payer leurs factures.

Mais 5 ans plus tard, ils sont au même stade, toujours en train de courir après un emploi à court terme. Ils n'ont pas de vision à long terme, pas de projet de développement. Ils ne prennent pas le temps d'écrire une histoire ou d'aller au-delà de la prochaine audition.

Et malheureusement, beaucoup de monde fonctionne comme cela.

De nombreuses personnes pensent uniquement à aujourd'hui ou demain, sans se soucier de la situation dans 6 mois, dans 2, 3 ou 10 ans. Elles ne se préoccupent pas de leur orientation et de ce qu'elles doivent faire pour atteindre leurs objectifs à long terme.

Vous devez vous soucier du présent pour pouvoir payer vos factures, être actif sur le marché et générer du chiffre d'affaires, mais vous devez également penser à la maîtrise et à la mise en place d'une tactique sur le long terme.

Dans le monde artistique et créatif, vous n'arriverez pas à une carrière longue, à un développement à long terme, si vous pensez uniquement à la prochaine audition. Vous devez également travailler à une vision plus générale. Bien sûr, cette vision peut changer et évoluer au fur et à mesure.

Vous pouvez vous orienter dans des domaines plus spécifiques au fil du temps, mais ne comptez pas uniquement sur les tactiques à court terme pour réussir dans votre activité.

Implémentez ce principe dans votre activité. Pensez à comment développer une vision à long terme sans pour autant négliger les tactiques rapides à impact direct.

Arrêtez de vous plaindre de la défaite d'hier.
Matthias Mazur
Marketing Internet

30

« LE PROBLÈME N'EST PAS LE PROBLÈME »

Dans ce chapitre, j'aimerais couvrir un concept que m'a dévoilé l'un de mes entraîneurs de tennis. Il a complètement changé ma vie, mais aussi la manière dont j'approche les challenges et les problèmes du quotidien. Il me sert dans le monde de l'entrepreneuriat comme dans celui du cinéma.

Pour illustrer ce concept, il faut commencer par comprendre que le problème n'est pas le problème. Le problème est la manière dont vous pensez au problème.

Cette phrase clé a le pouvoir de changer votre vie.

Je vous conseille de l'avoir toujours devant les yeux, au bureau, à la maison et sur votre téléphone. Pourquoi ? Parce qu'en tant qu'entrepreneur, vous allez rencontrer de nombreux obstacles, c'est inévitable.

Les entrepreneurs qui trouvent les meilleures solutions sont ceux qui réussissent le mieux, qui arrivent à faire fleurir leur activité même quand la situation économique est compliquée.

En qualité d'entrepreneur, plus vous trouvez de solutions et mieux vous gérez le quotidien, plus vous réussirez.

Un de mes entraîneurs de compétition m'a expliqué qu'avant de rentrer sur le terrain, je pouvais soit me concentrer sur les forces de l'adversaire, soit sur les solutions pour le battre.

Si vous jouez contre quelqu'un qui a plus d'années d'expérience, une meilleure technique, qui est peut-être plus rapide, plus impressionnant physiquement, qui a un meilleur coup droit ou un meilleur service, il est très facile de rester tétanisé, impressionné et focalisé sur les forces de l'adversaire.

Le mécanisme est le même dans l'entrepreneuriat. Quand vous regardez ce qu'il se passe dans votre marché, il est très facile d'être effrayé et paralysé par la concurrence ou par l'apparence du problème rencontré.

Mais personne n'est infaillible. Aucun joueur n'est infaillible. Aucune entreprise n'est infaillible. Des banques qui étaient considérées « inébranlables » en 2008, telles que Lehman Brothers, ont coulé du jour au lendemain. Avoir un beau coup droit au tennis ne signifie pas avoir un revers ou un service puissant.

Dans l'entrepreneuriat, c'est exactement pareil. Si vous vous concentrez sur la taille d'une entreprise concurrente, sur son expérience ou son nombre de clients, votre esprit est incapable de trouver de solutions créatives.

En tant qu'entrepreneur, chaque fois que vous rencontrez un problème, que ce soit dans votre vie personnelle ou dans les affaires, il faut penser de manière différente pour trouver des solutions auxquelles le grand public ne songe même pas.

Les meilleurs entrepreneurs sont ceux qui trouvent les meilleures solutions. Donc, quand vous approchez un problème, pensez à la manière dont vous pouvez le contourner.

Je vais vous donner un exemple : quand j'ai voulu démarrer dans le cinéma, je savais que je n'avais aucune expérience. À 24 ans, c'était considéré comme « trop tard ». Mais j'ai commencé à me former, à suivre des cours et à entrer dans le monde du cinéma.

Je savais pertinemment ne pas posséder l'expérience de certains acteurs qui tournent depuis l'âge de cinq ans. J'avais déjà « raté » 20 ans de pratique.

Je ne pouvais donc pas entrer dans le milieu de la même manière et passer des milliers d'audition à droite et à gauche. Je devais trouver une autre solution. Et celle que j'ai trouvée était très différente de ce que fait la majorité des acteurs.

En effet, les acteurs commencent leurs carrières en allant en cours, puis en passant des auditions dans l'espoir de décrocher un rôle. Certains décrochent un bon rôle, d'autres des plus petits, d'autres rien pendant des années, puis abandonnent.

Mais je me suis demandé quelle solution trouver pour ne pas avoir à courir après un rôle, pour faire en sorte que les gens viennent vers moi.

Ma solution a donc été de combiner mes capacités d'entrepreneuriat (création de projets, gestion d'entreprise, financement, investissement, recrutement, etc.) pour pouvoir créer ma propre société de production. Cette solution me permet ainsi de financer mes propres projets, de raconter les histoires qui me plaisent et de me donner des rôles sans avoir à supplier des directeurs de casting.

Je suis parti du principe que plutôt que d'entrer en concurrence directe avec des milliers d'acteurs pour les mêmes rôles, il était préférable d'investir dans mes propres productions. Ces dernières permettront ensuite aux directeurs de casting, à d'autres producteurs et réalisateurs de voir mon travail et de venir vers moi pour une potentielle collaboration.

C'est comme cela que j'ai réfléchi pour surmonter le problème. Je ne suis pas resté figé en me disant qu'il était beaucoup trop tard pour commencer dans le cinéma.

Contrôler ma propre société de production, mes rôles et les films que je produis, me donne le pouvoir. Et cela permet évidemment d'attirer des acteurs qui viennent demander un rôle dans l'une de mes productions.

Cette approche démontre très concrètement l'application de la phrase expliquée précédemment : le problème n'est pas le problème, le problème est la manière dont vous pensez au problème.

Aujourd'hui, à force de faire des films, je vis ma passion à 100%. J'adore tourner et si j'ai la chance d'attirer des producteurs et des réalisateurs qui veulent collaborer avec moi, c'est génial et ce n'est que du bonus.

Mais à l'heure actuelle, je suis satisfait de ce que j'ai fait. Je suis capable de créer mes propres productions sans avoir à courir après des producteurs pour avoir leur approbation.

Une fois la lecture de ce chapitre terminée, je vous conseille de faire une liste des problèmes ou des obstacles que vous rencontrez. Demandez-vous comment trouver des solutions créatives et penser différemment de la majorité des entrepreneurs.

Gardez le concept du problème en tête pour vous aider à avancer.

Vous pouvez l'appliquer dans tous les domaines de votre vie : personnel, relationnel, dans vos investissements, dans le développement de votre entreprise, dans votre carrière académique ou pour votre santé. Plus vous appliquerez ce mode de pensée, plus vous trouverez des solutions qui vous permettent de débloquer la situation et de progresser de manière exponentielle.

ÉPILOGUE

Le don et la malédiction du livre

Publier un livre est toujours une activité gratifiante, mais également frustrante, parce que la réalité est que 99,9% de la population ne le lira pas en entier. Et même ceux qui en achètent et aiment lire ne le terminent souvent pas. Si vous avez lu jusqu'ici, je suis honoré et j'aimerais vous en remercier. S'il vous a plu et si vous y avez trouvé de la valeur, rien ne me ferait plus plaisir que si vous le recommandiez aux personnes autour de vous qui pourraient en bénéficier.

Un mot sur la reconnaissance

Une de mes citations préférées est celle de John Lennon qui a dit « *life is what happens to you while you're busy making other plans* ». Traduction : « *la vie est ce qu'il vous arrive pendant que vous* êtes *occupé* à *faire des plans* ».

C'est l'une de mes citations préférées, qui traverse mon esprit quasiment chaque jour depuis que je l'ai découverte. Dans l'excitation quotidienne, le stress, les listes de choses à faire, le recrutement et la gestion de vos employés, la gestion de votre budget, les projets à mettre en place, vos rêves et vos objectifs, les défaites et les leçons, les messages et notifications qui arrivent de tous les côtés sur nos smartphones et tout le chaos quotidien d'un entrepreneur, nous avons parfois tendance à oublier ce qui compte *vraiment*.

Passer du temps avec ses proches et être reconnaissant pour tout ce que nous avons est ce qui importe *vraiment*. Si vous vous êtes réveillé ce matin avec un toit au-dessus de votre tête, capable de marcher et de bouger sans douleur et de manger à votre faim, vous avez déjà gagné la loterie de la vie. Vous êtes l'un des rares chanceux, vous êtes déjà privilégié. Prenez soin de vous, prenez soin de votre santé, prenez soin de votre famille, prenez soin de votre esprit. Prenez le temps de bien manger et de rester en forme. Prenez le temps de vous entrainer physiquement, et pourquoi pas commencer (ou de vous remettre à) un nouveau hobby. J'ai eu plusieurs problèmes de santé dans ma vie, et rien n'est plus attristant et frustrant que d'être incapable d'utiliser son corps comme on le veut et se mouvoir librement, sans douleur. J'ai la chance d'être à 100% à l'heure où j'écris ces lignes, et c'est une chance que la vie nous donne.

Maintenant, à mon tour d'être reconnaissant et de vous remercier du fond de mon cœur de m'avoir donné l'opportunité de partager ce que j'ai appris dans les tranchées du monde du sport professionnel et de l'entrepreneuriat. Je vous souhaite le meilleur et me réjouis de vous voir tout en haut.

À votre réussite,
Matthias Mazur

Retrouvez-moi sur les réseaux sociaux :

MatthiasMazur.com

Facebook.com/MatthiasMazur

Twitter.com/MattMazur

Instagram.com/MatthiasMazur

Linkedin.com/in/MatthiasMazur

MatthiasMazur

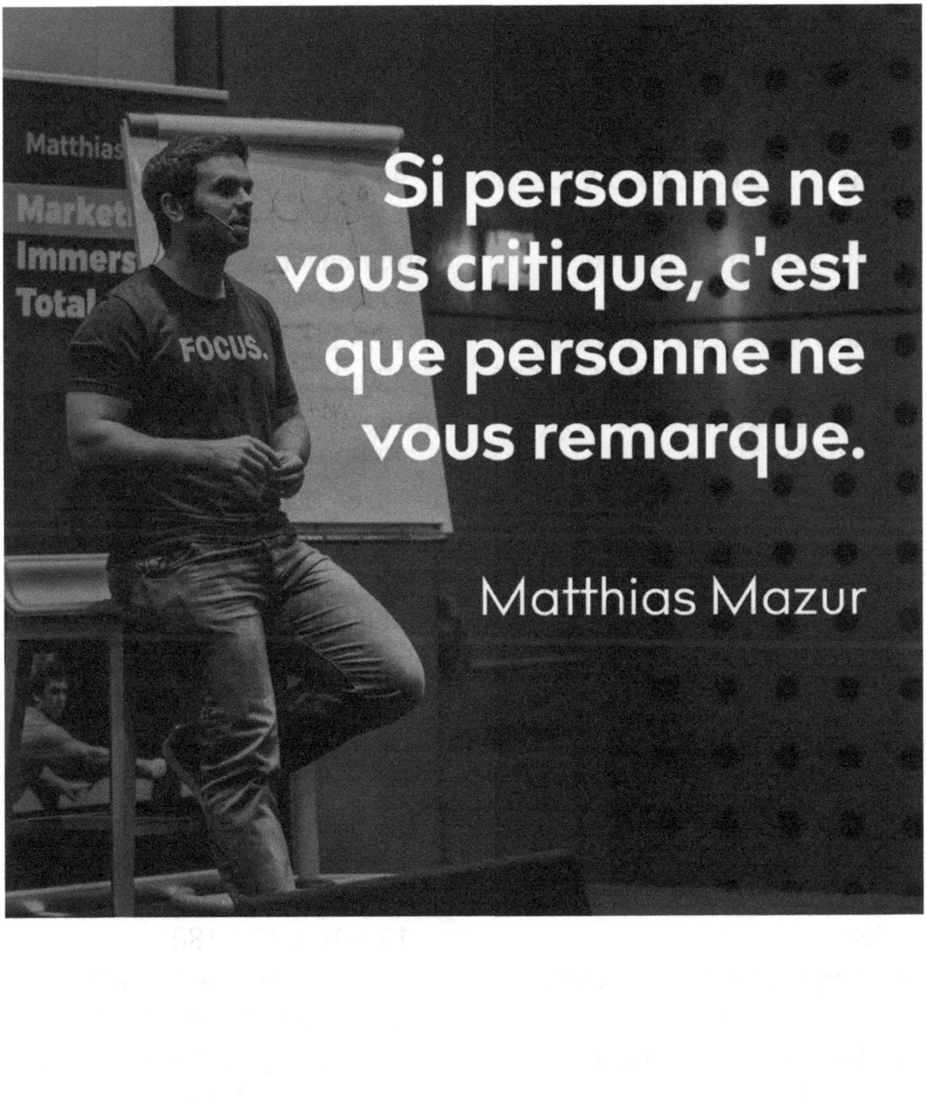
Matthias
FOCUS.
Si personne ne vous critique, c'est que personne ne vous remarque.
Matthias Mazur

INDEX